父親のための人間学

森信三

致知出版社

父親のための人間学　目次

装　幀――川上成夫

新装版発刊にあたって

この世に生を享《う》けて「人間いかに生くべきか」は、森信三先生にとって永遠のテーマです。否、森信三先生だけでなく、私どもにとっても生涯をかけて探求しつつ実践すべき一生のテーマです。

本書は、父親として、はたまた人間として、いかに生きるか、その原理と実践について極めて根源的に、かつ、具体的に詳述せられたもので、明眼と洞察、しかも慈愛の隈《くま》なく行き届いたものです。

いまから三十年前、森信三先生のご教説にもとづき編集出版しましたものを、いま改めて読み直し、その至れり尽くせりの広汎さと丁寧さに驚き入っている次第で、改めて読者諸兄の喚起を促したい思いであります。

先師すでに世を去りまして十有余年に及び、編者の私も年齢を重ねて、満八十三歳を迎え、うたた感慨をもよおす次第です。

なおかつ、いま日本の現状を考察いたしますところ「日本再生」こそがわれわれにとりまして緊急を要する問題と思われてなりません。

二〇一〇年の現在におきまして、日々報道せられる処《ところ》によれば、政治、経済、外交面や日々生起する現実において、一段と混迷の度を加えつつある状況であります。

しかも結局のところ日本人そのものの自覚と人間的資質の向上に思いをいたさざるを得ません。そうした面で本書がいささかなりとも寄与するところあれば無上の幸慶《こうけい》と思わざるを得ません。よろしく諸兄のご一読を希《ねが》うばかりです。

編者　寺田一清

自序

家庭の危機

戦後二十年たった頃から「親子の断絶」というコトバが叫ばれ、人間疎外とか父親不在とかいうコトバがいつしか流行《はや》り出して、この頃では「家庭内暴力」や「校内暴力」が毎日のように新聞紙上に散見するようになっていますが、思えばまったく膚に粟《あわ》を生ずるようなことで、日本の将来と青少年の現状を思えば、まことに深憂にたえない次第であります。わたくしは先に「わが子の人間教育は両親の責任!!」と題して「家庭教育に関する二十一か条」を取り上げ

（新装改訂版『家庭教育の心得21――母親のための人間学』致知出版社刊）、そのいちいちにつき詳説しましたが、この書の二大支柱は「躾《しつ》けの三か条」であり「夫婦のあり方」であります。後者の「夫婦のあり方」と申しても、これは主として、母親のあり方について力説したもので、家長たる父親を立てずして家庭教育はあり得ないというのが根本の主旨だったのであります。

ところで今日のように国全体に一種のユルミが生じて、社会的にも退廃的現象の頻発する時代にあっては、家庭教育においても、両親の確乎たる信念と一致協力がなければ、非常に困難な時代に突入したと思うのであります。すなわち子どもの教育を、単に母親にまったく一任というだけでは、甚《はなは》だ片手落ちの感をまぬがれないのであります。といいましても、父親がいちいちこと細かに小言や叱りつけを連発することは、これまた賛成し難く、否これこそ「父親軽視」の種をかえってまくようなものであります。

では家庭における父親の役割は何かというに、それは人生の見通しと社会的視野の広い立場に立った人生の生き方に基づき、家庭のあり方と子どもの育て方に対してその根幹となり、その方向を明示すべきでありましょう。それゆえ日頃は決して放任ではないが、しかし直接に子どもの躾けにとやかく口出しはしないというのが常態であるべきで、子どもの日常生活の角目と将来の岐路については、よき相談相手として、また人生の厳しい大先達《せんだち》として、断乎として方向を提示するのでなくてはならぬと思うのであります。それゆえ子どもの小学校時代には母親が家庭教育の、とりわけ躾け教育の主役を演ずるわけですが、中学生や高校生となると父親の果すべき役割が次第に加重されてくるように思われます。

父親の権威

そもそも父親というものは、子どもにとっては、あまり理解され難い存在であります。母親の苦労というものは、日常の起居動作や働きを通して眼にするゆえ、比較的認識されやすいのですが、父親のほうは仕事の都合上、職場と家庭とが隔絶されている場合がほとんどですから、職場における父親の姿に接することはほとんど不可能に近いといえましょう。ただ子どもが、父親の権威というものをそれとなく感ずるのは、父親に対する母親のあり方によるわけであり、それによって子どもも父親の存在の重さをそれとなく無意識的に感ぜしめられるわけであります。もともと真の権威とは、権力を行使することによって生ずるものでなくて、そこはかとなき、人間的香気ともいえる人格と品位と力量によって自《みずか》ら発するものであります。

それにしても、外で働く父親の苦衷《くちゆう》のほどは、子どもには理解されないのはむしろ当然ですが、妻たり主婦たる人には、充分な洞察を願いたいものでありますす。そしてこの点の洞察こそは夫婦間における根本でありまして、これは必ずしも女子大を出たから得られるというものでなく、否、大学卒の人にかえってかような洞察が働かなくなっているのが現状ではないでしょうか。

それはともかくとして、父親自身がおのおのの職場において精励恪勤《せいれいかっきん》するだけでなく、その家庭における起居動作をも慎んでいただかねばならぬ非常事態の世の中に突入しつつあるように思われてなりません。これが自《おの》ずから躾け教育の主役たる妻への絶大な協力を要するゆえんであるとともに、ひいては父親の無言の権威にも繋《つな》がるものであると思うのであります。

生き方の種まき

先に父親の主要な役割の一つとして、わが子に対して人間としての生き方の方向を指示すべきことを申しましたが、これは言い換えれば、子どもに人生の生き方の種まきをすることとも申せましょう。この「人間の生き方の種まき」ということは、父親に限らず、およそ教育と名のつくもののすべてに通ずるわけでありまして、教育の根幹はすべてこの一語に尽きるように思われます。ですからわたくしは、「教育とは人生の生き方の種まきをすることなり」と機会あるごとにいいもし、書きもしていますが、とりわけ理想の父親像を思います時、この一語ほど適切なコトバはほかに思い出し得ないのであります。

　子どもの立場から、父親の真のエラさがそれなりに認識されるのは、まずは齢《よわい》四十に達しなければ分かりにくいかと思われますが、その場合に、子どもの心に印象づけられた父親の一語、もしくは父親像の一面なりとも種まきできているとすれば、父親としてはもって瞑《めい》すべく、またもって卓《すぐ》れた父親と申してもよいでしょう。わたくしが多年親しくしております宮崎の眼科医の杉田正臣先生は、先年詩集『父』を刊行せられていまなお版を重ねておりますが、実に不朽《ふきゅう》の名詩篇と申すべきものであります。その書におさめられた百篇の詩は、ことごとく亡き父君に対する敬仰の一念であり、そこに記されたご尊父こそまさに理想的人間像の一典型であり、またこれを編《あ》まれた正臣先生もまた現代における稀有《けう》の孝子《こうし》と申されましょう。

人生二度なし

ところでわたくしは、生涯かけて「人間の生き方」について探求をつづけてきたものですが、人間の生き方についてのわたくしの根本信条は「人生二度なし」でありまして、これはいわばわたくしの「ナムアミダブツ」であって、一枚看板なのであります。わたくしの思想も、学問も、宗教も、すべてはこの「人生二度なし」の根本真理から発するのでありまして、いわば「人生二度なし」教とも、また「人生二度なし」宗と申してもよいほどであります。それほどまでにわたくしは「人生二度なし」という真理こそ、人生における絶対的な根本真理と信ずるのであります。

と申しますのも、この「人生二度なし」という真理ほど、われわれ人間をして人生の深刻さに目覚めさす真理は、ほかには絶無と申してよいでしょう。しかもこの真理の持ついま一つの長所は、それが何人にも分かりやすいということであります。否、それどころか、この「人生二度なし」ということほど自明な、分かり切った真理はないとお考えの方が多いと思われます。ところが物事というものは、常に一長一短でありまして、そんなに分かりやすいということが、実は他の半面からは、案外分かりにくいということにもなるのであります。ではどうしてかと申しますと、それは常に平生《へいぜい》この真理を、いつもわが心に忘れぬようにしているということは、かえって大変むつかしいことだからであります。それと申すのも、人間というものは、常に人生の終末を見通して、それからひるがえって、日々の生活を充実するように生きるということは、非常に困難なことだからであります。

ところで、われわれがこの「人生二度なし」という、一見したところ、分かり切ったような真理を、常に心中深く捉《とら》えていないのは、わたくしたちの考えがいまだ徹底していないからであります。言い換えますと、この宇宙と人生に関する考え方が、真にその人なりの結論に達していないからであります。すなわち真に生きた宇宙観や人生観を持っていないからと申してよかろうと思います。それというのも、すべて他人《ひと》から聞いているだけでは、真に自分のものにはならぬからであります。

少しく結論を急ぎ過ぎたかの感がしないでもありませんが、要するに、父親としてわが子に残す唯一の遺産は、その人が「人間としてその一生をいかに生きたか」という一事に極まると思うのであります。したがってこの本は、以下「父親としての」生き方が、問題の中心になるわけでありまして、その生き方を正す根源は、まず第一に父親自身がこの「人生二度なし」という根本真理に目覚める以外に道はないと思うのであります。

一九八一年　森　信　三

父親のための人間学

1 新たなる人間学を

宇宙観人生観

はじめにちょっと申したように「人生二度なし」という人生最深の根本真理は一見まことに分かり切ったことで自明のことのように思われがちですが、これを真に身に体するということは、実は容易ならぬことなのであります。

それには、やはりその背後に、哲学的宗教観というか、宗教的哲学観というか、そういう叡智《えいち》を持つ必要を痛感するのであります。そういうものを、それぞれ自分なりに持たなければ、せっかくの「人生二度なし」という根本真理も、真に人生を生きる原動力とはなり難いのであります。

ところで、そういう宇宙と人間の関係、また人生の意義について、つまびらかに極め知ることは、私どもには許されないことともいえましょう。何となればわたくしども自身は、それぞれ自分の意志と力によって、この地上に生まれてきたものではないのでありまして、結局は大宇宙というか、これを内面から申せば、絶大な宇宙生命によって、この地上にその生を与えられたわけでありますます。したがってわれわれには、実は人間そのものについてさえ、本当のことは分からないはずであります。いわんや、われわれ人間をはじめ、一切の天体を生み出し、かつそれらの一切を統一し、その上それらを運行させて、一瞬といえども留まることのない大宇宙の真相など、われわれ人間の限りある知力では、とても分かるはずがないともいえるわけであります。

ところが、古来西洋において哲学と呼ばれてきた学問は、ソクラテス以来二千年という長い年月を、このような宇宙人生の根本問題を学問的に究明しようとしてきたのであります。またわれわれ東洋におきましても、宇宙人生の真相に対しては、これを直観というか直覚によって、われわれ人間の根底は、そのまま大宇宙の根本生命に繋がっており、それと直接に連続していると考えてきたのであります。ですから人々がそのつもりになって、それぞれ内省内観の努力を怠らなかったら――もちろん人によってそれぞれ趣《おもむき》の相違はあるにしても――全然分からぬということはないと考えてきたのであります。そしてわれわれ東洋の先哲たちは、主としてこのような態度、すなわち西洋のように論理的な分析をするのではなくて、内観の立場から宇宙と人生の真相の一端に、身をもって触れようとしてきたのでありますが、西洋の哲学者たちのように、必ずしもそれを学問的な体系にしようとはしなかったのであります。もちろん今日の眼から見れば、こうした東西の考え方には、それぞれ長所と短所とがあるわけで、どちらか一方でなければならぬとは、わたくしも考えておらぬのであります。

ただわたくしとして申したいことは、われわれ東洋人にとっては、西洋哲学のような鋭利な分析的論理のみでは東洋人の体質に合わず、否、これを理解することさえ実は容易ではなく、ましてそれを生きる原動力とするわけにはゆかないと思うのであります。

人間学の提唱

そこでわたくしとしては、いわゆる既成宗教のわくにとらわれず、さりとてまた、いたずらに西洋哲学の難解にも陥らないで、たくみに両者の間を縫ったところのいわゆる宗教的哲学観を、提供することこそ、現代における最緊要事と思うのであります。ではそれについて何かふさわしい名称をつけるとしたら、わたくしの考えでは「新たなる人間学」というのが、最も適当ではないかと思われます。またわたくしには、今日哲学という名称すら、安《やす》んじられぬものを感じるのでありまして、「愛知の学」としての哲学の代りに、「全一学」という新たな名称を考えるに至っているのであります。

　ですから、ここにいう人間学も、そういう全一的人間学という意味において申しているのであります。したがって、この人間学には人生観や世界観が含蓄されているわけであって、単に世に処する現実的な智慧《ちえ》のみを意味するのではないのであります。

　そして今日、そういう人間学こそ、いわゆる「万人の学」として一般に希求されているにもかかわらず、それに応える努力が、これまで学者の側からも、また宗教家の側からも、なされていないように思われてなりません。それというのも結局、学者や宗教家と呼ばれるような人々が、現代という時代の現実を踏まえて、真に民衆の悩みというか、その魂の希求に対する洞察が、いずれの側からも、切実になされていないからだと思うのであります。これここに「新たな人間学」の確立の要を説くゆえんなのであります。

神・人間・万有

そこで、そうした立場に立って、わたくしの考えを端的に申したいと思いますが、何ぶんにも紙面の都合もあって十分な説明はできかねますので、以下箇条書き的に列記いたしますので、皆さん方でそれぞれに噛《か》みしめて、よく味わっていただくよう念ずるほかありません（このことに関しては「幻の講話」（第五巻）もしくは「全一学ノート」などをご参照下さい）。

①　われわれ人間は、自分自身の意志と力によって、この地上に生まれてきたのではなくて、結局、大自然というか、絶大無限な宇宙生命によって、この地上にその生を与えられたというほかない。

②　したがってまたわれわれ人間というものは大宇宙意志によって、この世へいわば派遣せられたものともいえよう。

③　われわれ人間ならびに万有は、一体何ゆえこの世に出現せしめられたのか――それはいわばこの地上の栄《さかえ》のためであり、さらに全宇宙の栄光のためであろう。

④　何のためにわたくしという一個の人間が、この世に派遣せられたか――自分に課せられたこの世の使命を知るのが、一人びとりの人間各自にその責任があり、それこそ第一の任務である。

⑤　この地上へ派遣せられた自らの使命感の自覚は、人生の二等分線――四十歳前後――を越える頃であり、しかもそれは、「死」の寸前まで深められねばならぬ。

⑥　神とは何か――この大宇宙を斬《か》くあらしめている宇宙の根源的生命の絶対無限の統一力ともいえる。

⑦　無限絶大なる神的「力」は、この大宇宙を超越してそれを成立せしめていると同時に、さらに大宇宙の内部にも遍満滲透《へんまんしんとう》して至らぬ隈もないものであ

る。

⑧　大宇宙は、巨大なる「調和」と「動的統一」という、絶大な宇宙的法則によって支配されている。これが東洋における「易」の真理であり、陰陽の調和循環の原理である。

以上は、一応の形而上学的人間学の骨子を羅列したに過ぎませんが、今後ともより深く、その真趣をおのおのそれぞれに味得領解していただきたいと思います。やや現実離れした話のようですが、これが人間学の地盤をなすと思うからであります。

２ 叡智と実践力

戒・定・慧

前章で申したように、われわれ人間は宇宙生命の根源力によって、この地上にその「生」を与えられた以上、精一杯に充実して生き、おのが生を全《まっと》うするほかないわけであります。したがってわれわれにとって一番大事な点は、われわれ人間が本当に「生きる」ということであり、さらにはお互い一人びとりが真に生きるということであります。宗教というものの根本も、結局は「われいかに生きるべきか」という人生の根本問題にほかならないのであります。

そこでわれわれ人間が「生きる」上において、いわば「一人一哲学」として、その人なりの世界観・人生観を持つべきであると信じて、ご参考までにほんの概観ながら先に申してきたわけでありますが、この世界観・人生観は、人それぞれに生涯を賭けて、探求し深化せねばならぬわけであります。そして古今の卓《すぐ》れた先賢先哲に学びつつ、それを深省し、浄化しつづけねばならぬと思うのであります。これが「人生観」の深省と浄化といえましょう。

さて、われわれが真実に生きるには、そのような世界観・人生観とともに、さらに必要欠くべからざるものは、古来仏教において説かれてきたところの「戒」「定」「慧」の三大部門の修養が最も肝要とせられることであります。

このうち最初の「戒」とは、いやしくも道を志すほどのものは、何よりもまずその日常生活において、それぞれ所定の戒律を守らねばならぬというのであります。この戒につきましては、徳川中期の高僧たる慈雲尊者《じうんそんじゃ》の『十善法語《じゅうぜんほうご》』という古典的な名著がありまして、十戒《じっかい》すなわち　①不殺生、②不偸盗《ちゅうとう》、③不邪婬《じゃいん》、④不妄語《もうご》、⑤不綺語《きご》、⑥不悪口《あっく》、⑦不両舌《りょうぜつ》、⑧不貪欲、⑨不瞋恚《いんに》、⑩不邪見について、「人たる道」を、懇切丁寧至らぬ隈《くま》なきまでに説かれておるのであります。なおその格調の高いリズムは、道元の『正法眼蔵《しょうぼうげんぞう》』に比べても毫《ごう》も劣らぬほどであって、道元・親鸞を鎌倉期における日本仏教の二大元祖とすれば、慈雲尊者をもって日本仏教における近代化中興の祖と考えていられる方があるほどです。

思うに、古来仏教において説かれた「十戒」は、時代を超えて人間として守るべき絶対の根本的基盤でありまして、今日の世相をかえりみますと、この「十善戒」が一般に弛緩《しかん》症状をきたしていると思われるのであります。

ところで次の「定」ですが、定とは現代のコトバでいえば、心身統一の安定ということで、差し当たり「静坐内観」といってよかろうと思われます。そしてこれはその発生の地のインドより、中国を通って、わが国にも伝えられ、仏教の一部門の禅として現在に至っているわけであります。この禅の伝統を、日本人の日常生活に合わせて日本化せられたのが岡田虎二郎先生の岡田式静坐法であります。そしてその静坐法の最も大事な主軸である「腰骨を立てる」一事を徹底し、自ら実証するとともに、これを教育の上に生かそうとするのが、わたくしの提唱する「立腰《りつよう》教育」なのであります。

智識と知慧

さて「戒・定・慧」という三学の中の「慧」とは申すまでもなく智慧の慧でありまして、叡智ともいえましょう。この智慧という問題は、宗教の根本に関わることでありまして、極言すれば宗教とは智慧の問題であり、叡智の問題であるといってもよいかとも思われます。

では、この「智慧と知識」とはいかに違うかと申しますと、知識というものは、いわば部分的な材料知であるとすれば、「智慧」というものは、その人の体に溶け込んで、自由に生きて作用《はたら》く知性だといってもよいでしょう。また別の言い方をしますと、知識とは、人から聞いたり本などで読んだ知であるとすれば、智慧とは、自分で問題を発見し、それを突き止めることによって、身についた知といってよいでしょう。

なおそのような生きた智慧を身につける上で一番役立つのは、そうした智慧を持っている人に接し、そのコトバを傾聴することでありまして、これが最上の近路だといえましょう。それは書物を読むよりも、はるかに大事なことと思われます。それというのは、読むことをもし平面的だとすれば、聞くほうが立体的だからであります。したがってこちらにその心さえあれば、人生の智慧を身につけた人のコトバというものは、たった一度お聞きしただけでも、そこに含まれている生きた真理は、終生忘れ難いものとなる場合が、少なくないのであります。

とはいえ、もちろん読むことを否定するわけでは絶対にありません。それどころか、できるだけ人生の智慧を含んでいる生きた書物を、われわれは読みに読みたいものであります。ところが今日店頭には実にたくさんの書物が汎濫しておりまして、そのためにそうした生きた智慧を比較的多く含んだ書物を選択するのが、これまた大変困難な時代になったともいえましょう。そのためにも、人は常に卓《すぐ》れた「人生の師」を持って、直接・間接を問わず、その指導を受ける必要が大いにあるわけであります。

ところが人生の智慧について単に知るというのと身につけるのとは、その間実に天地の差があるわけでありまして、これを身につけるには、結局人生の苦労というか、さらには逆境の試練というか、とにかくそうした種類の血税というか、むしろ「血の授業料」ともいうべきものをおさめて、「世の中」という生きた学校において、体を絞って身につけるほかないわけであります。

智慧の種々相

さて、この智慧という名で呼ばれる智の作用《はたらき》にも、考えてみればいろいろの種類があるわけで、差し当りまず人から「智慧とはどのようなものか」と聞かれたとしたら、わたくしは真っ先に㈠「智慧とは、将来への見通しがどれほどつくかどうかで決まる」ということでしょう。つまり前途のことや将来のことが、あらかじめどれほど見当がつくかどうかということだといってもよいでしょう。今日のコトバでいう先見力の問題ともいえましょうが、では一体どうしたらそういう先見力を身につけることができるかと申しますと、これまた容易ならぬことですが、しいて申せば大局的な観察と極微的な思考の切り結ぶ所ともいえましょう。だが、このような観念的なコトバをはるかに超えて、その人のこれまでの全経験と全知識とが、一瞬にして総合的に発火し燃焼して、周囲を照らすような趣《おもむき》のあるのが、真の叡智だといってもよいでしょう。それゆえにこそ、智慧というものは、簡単に手に入ったり身についたりするものでないわけであります。

次に智慧というものは、㈡物事の「潮時《しおどき》」が分かるということだともいえましょう。それというのも、この現実界の事柄というものは、単に見通しというだけでは、実はまだ足りないのでありまして、タイミング、すなわち時機を誤らないということが重要なわけであります。次に大事な智慧は何かと申しますと、それはいわゆる㈢「手の打ち方」というものではないかと思うのであります。「手の打ち方」とは、言い換えますと手段とか方法ということで、これがまたむつかしい問題であって、例えば「手の打ち方」一つにしろ、実はその時その場、その人によって、極微的にはそれぞれ違うわけであります。つまりそれほど智慧というものは、説明など本来できるものではないともいえましょうが、いま少し智慧について申すとすれば、㈣物事のつりあいというかバランスを誤らぬということなども、また智慧の大事な一面と思うのであります。実際この現実界においては、このつりあいというかバランスというものほど、大事なものはないともいえましょう。

さらに㈤物事の程度加減ということでもあって、この現実界では、それがいかによいことリッパなことでありましても、もしその程度を誤ったとしたら、結局よいとはいえなくなるのであります。

3　一生の見通しと設計

洞察と先見

前章において、わたくしは智慧の作用《はたらき》について述べたわけでありますが、これらの種々相を支える最も基盤的なものは、人間心理の洞察ではなかろうかと思います。将来の見通し、すなわち先見の明の問題にいたしましても、その根本に、人間心理の洞察という心の作用《はたらき》が内に秘められているように思われます。

そしてこの洞察ということは、単に書物を読んで学び得るものはごくわずかの断片に過ぎず、ましてや大学で心理学を勉強したから身につくなどというものではないのであります。すでに一般の企業においても、洞察と先見の明が問題として取り上げられ、少なくとも五年先を見通した上で計画し、軌道修正と新規開拓を目指すべきであるといわれているのであります。

しかし、実際にはこれがなかなか至難なことでありまして、そのためには一つの大局観がなければならぬわけであります。これはいわば一つの企業哲学でありまして、この「観」と「察」が先見力を生むものと思われてなりません。

一般に事業で成功せられた人は、運の強さもありますが、しかしこの洞察と先見において優れた人が多く、かの阪急電鉄の創業者の小林一三《いちぞう》翁のごときは、最も先見性に優れた人と申してもよいでしょう。また政治家としては、池田勇人《はやと》氏のごときも、先見力の面で特に傑出した政治家といえるのではないでしょうか。何としても日本経済の高度成長の礎《いしずえ》を築いた功績は――高度成長のために幾多のマイナス現象が見られたにしても――当時の総理池田勇人氏の先見と決断は、注目せられるべきものといえましょう。また歴史上の人物では、何というても徳川家康こそ、最も洞察と先見に富んだ武将と申しても、おそらく誰ひとり異存はないと思われます。

ところでこのような洞察力と先見力は、もちろん後天的な百戦練磨によって、磨かれ鍛えられるのでありましょうが、しかしそれはまた先天的というか、生《せい》得《とく》的な素質によるものとも思われます。ましてや今日のように変動のテンポの速い激動激変の時代においては、世界の動きや民族の将来についてはもとより、十年先の経済界の変動についてさえ、その予見予測は容易ではないといえましょう。

人生の通観

ところで、社会の前途に比べてわれわれ個人の将来は、ある意味では、大体あらましの見当がつくのであります。というのも、社会には始めもなければ終わりもありませんが、わたくしたち個人の一生は、誕生という「生」のスタートに始まって、大体八十～九十年以内に、必ず「生」の終着駅を迎えるからであります。つまり人生には始終というものがありますから、そこからして人間の一生というものは大よそ見通しや見当がつくわけであります。ですから、人生を通観し、二十年先、三十年先までも、あらましの見当をつけておくのが賢明な人と申せましょう。

そこで、そうした大観的な見通しをつける上で、一番学びやすき典型的なものは、やはり例の『論語』の志学章でありましょう。すなわち「吾十有五にして学に志し、三十にして立ち、四十にして惑わず。五十にして天命を知り、六十にして耳順《みみしたが》い、七十にして心の欲するところに従って矩《のり》を踰《こ》えず」というのでありまして、人間の一生の精髄ともいうべき点を、これほど端的明白に示したものは、ほかに見当らぬといってよいでしょう。

一生の基礎形成期

このように、人生には十年ごとに一つのサイクルがあるわけですが、十五歳から三十歳までは、人間の修業の時代であろうと思われます。では三十歳代は何かと申しますと、われわれ人間にとって、一生の基礎形成期だと申せましょう。実はわたくしはかなり若い頃から、この点を問題として、いろいろと考えたり研究してみたのですが、古来卓《すぐ》れた人々について見てみましても、それらの人のほとんどが、皆三十代という十年間に、一生の基礎づくりをしているようであります。わたくしには、政治界とか実業界のことはよく分かりませんが、少なくともわたくし自身が関心を持っている、学問とか思想の方面について見ましても、卓れた人といわれるほどの人は、ほとんど例外なく三十代の十年間に、その人の一生の土台を築いた人が多いのであります。わが国では有名な中江藤樹《とうじゅ》先生がそうですし、また中国の王陽明《おうようめい》という学者なども皆この三十代の後半であり、また法然、親鸞、道元というような宗教家について見ましても、結局は三十代というものがその人々にとっては、人間の基礎形成期だったといってよいようであります。

それというのも真剣に人生の生き方を求めていたら、三十歳代は自立と開眼の年代だからであります。人間の一生を一応七十五歳前後といたしますと、がんぜない幼少の頃を差し引くとすれば、この三十五歳前後というものは、一応人生の二等分線に当たるわけであります。人間もこの人生の二等分線という山の頂《いただ》きに立ちますと、それまで少しも見えなかったところの、やがて還《かえ》りゆくべきわが家、すなわち人生の終末が見え出してくるのであります。

そこで、それでは男盛りともいうべき三十歳代の十年間を一体どう過ごすべきかということになりますが、一言で申せば「自己教育」ということでありましす。言い換えると求道的な生活態度といってもよいでしょう。「自己以外すべてわが師なり」として、自分の勤め先の仕事、ならびにその人間関係は申すに及ばず、それらを取り巻いて生起する一切の出来事は、すべてが人生の生きた教材であり、おのが導師たるわけであります。

自己充実と貢献

では、四十歳はどうでしょうか。人間四十歳ともなれば、一応その職場における責任ある立場に立たされるわけで、家庭的にも子どもはすでに小学高学年もしくは中・高生に成長しており、父親の権威が問われる年代になるわけであります。それゆえ、職場においても家庭においても実に責任重大な年代である以上、一段の自己充実を要する年代であり、仕事の面でも、自分なりに一応の結実を図るべき年代と申せましょう。

それに次ぐ五十歳代はどうかと申しますと、「五十にして天命を知る」というコトバのとおりに、仕事の上でたいした飛躍も冒険も許されない年代であり、いよいよもって天命を畏《かしこ》み、自らに与えられた使命の一道を果すべき年代であります。その上に後進の指導にも一段と拍車を掛け、社会的にも何らかの奉仕貢献を心掛けるべき年代といえましょう。

では六十歳代はどうでしょうか。六十歳になりますと一般には定年を迎えて第二の人生に突入するわけですが、六十歳はまた還暦ともいわれるように、もう一度人生の原点に戻り、改めて人生修業を志さねばならぬ年代と申せましょう。『論語』にも「耳順《じじゅん》」の年と申すように、年齢を問わず、とりわけ若い人々から、改めて聴き取り学ぶ態度を失ってはならぬと思われます。それゆえ六十歳代は聴聞修業の年代と申したいのであります。

わたくしは、いつも申しておるのですが、われわれ人間は一生のうちに、少なくとも三度偉人の伝記を読むべき時期があると思うのであります。そしてその第一は、小学校の五・六年から中学・高校時代に掛けての時期であり、第二は、三十代の前半から後半に掛けての時期であり、第三は、六十歳あたりから最晩年に掛けての時期であります。では、どうして人生の晩年ともいうべき時期に、もう一度伝記を読む必要があるかというに、それはいわば人生の撤収作戦の仕方について、古人ならびに先人に学ぶべきだと考えるからであります。

このように、人はそれぞれの年代に応じて真剣な生き方をして参りますと、七十歳代、八十歳代は、まことに自由闊達《かったつ》な境涯に恵まれて、真の生き甲斐《がい》ある人生が送れるのではないかと思われます。ですから、以上のように人生の見通しを立てるとともに、いま一つ、日々の脚下の実践に全力を傾けることが大事でありまして、しかもそうした脚下の実践にどれほど真剣に取り組めるかどうかということこそ、その人の人生に対する徹見透察の如何《いかん》によるといってよいかと思われます。

4 仕事に賭ける

男・女の相違

「仕事」について申す前に、この世における男女の受け持ち分担の相違について申したいと思います。戦後わが国の社会では、「男女同権」の思想が大きく取り上げられた結果、ともすれば男・女間の相違を無視し、または軽視する風潮がいまなお尾を引いているということは、真に憂うべき状態であります。戦後、かのマッカーサーによる占領政策の一環として「男女同権」を打ち出したのは、主として法律上男女が「同一資格」たることを明らかにしたものであって、それを法的に確立したわけであります。しかるに男女の人格的平等ということは、もちろんそれぞれの正しいことは申すまでもありませんが、しかし問題はそれだけに留まらないで、さらに男女両性の分担というか、受け持ちまでも同一であるかのような錯覚を生じ、そのためにいまや女性の間に、その錯覚が次第に氾濫しつつある状態であります。

もともと男性の役割というものは、原始の自然原型に遡《さかのぼ》って考えてみますと、世間に出て他の男性と角逐《かくちく》しつつ妻子を養う物資を手に入れることがその主たる任務であり、これに反して女性のほうは、子どもを生み、はぐくみ育てるのがその任務であります。

ですから、男性にとって一番大切なことは、自分の「職分」に対する自覚と、その取り組み方の真剣さということであり、また女性の側にあっては、子どもを産み、かつわが子をリッパに教育するということであります。

職分の意義

ここでわたくしは、職業と申すべきところを職分と申しましたが、これには多少深い意味を込めてでありまして、これについては後ほど申すことにいたします。ところでこの職業というものは、㈠衣食の資を得る手段・方法である上に、㈡人間は自己の職業を通して世のために貢献し、㈢かつ自分なりの天分や個性を発揮するという三大意義を持つものでありますが、この第三の点については、現在の社会の実情から見る時、必ずしも現在の職業が自分の個性を発揮するには不向きだと思いつつ、やむを得ず現在の仕事をつづけている——という人も、かなりの程度にあろうかと思われます。

そのうち第一の、職業によって衣食の資を得、それによって家族の生活を支えてゆくということは、前にも申したように、男性としては、差し当たり何よりも大事な第一の根本的義務と申してよいでしょう。ですから男子としては、何よりもまず家族の生活を支える義務があるわけで、もしそれがイヤだったら、最初から結婚などすべきではないのであります。例えば、カトリック教では、今日でも「神父」と呼ばれる人には、独身制が厳しく守られておりますが、それは結婚して家族を持ちますと、自分の家族を食わしてゆくために、宗教者としての奉仕生活に純一《じゅんいつ》たり得なくなることから生じた制度といってよいでしょう。仏教においても、古来独身性が守られてきたのですが、それが次第に崩れてきたのを見て、大胆に肉食妻帯を叫んだのが親鸞であります。しかしながら、禅宗では最近まで、この独身制が守られてきましたが、現在では真に独身を守っている人は非常に少なくなり、それとともに、民衆に対する宗教家の権威も、次第に低下しつつあるのが現状であります。

以上、やや脇路に外れたかの感がいたしますが、とにかく男子はいったん結婚した以上は、妻子を養う義務を生じ、結局職業に従事することによって、家族を扶養することができるだけでなくて、さらに自己の職業を通して社会生活に参加し、社会のために尽くすことができるわけであります。

職業天職観

ところで人間社会の巨大な仕組みを考える時、わたくしは西洋の卓《すぐ》れた思想家たちが、職業の意義を重視してきたことに対して、深い敬意を払わずにはいられないのであります。それというのも西洋では、職業というコトバの原意はVocation（英）であって、「使命」とか、さらには神による「召命」という意味であります。すなわち西洋の社会では、職業とは人間が神から命じられたものという考え方が、その根底にあるのであります。こうした深い職業観は、わが国の現状では、そのままにはあてはまらない部分があるにしても、十分に敬意を払わずにはいられないのでありまして、先にわたくしが職業というべきところを、特に職分と申したゆえんであります。

このように職業というものが、その根源においては神に繋がるという考え方は、人によっては多少古いと思う人もあろうかと思いますが、しかしわたくしは、そこには実に深い永遠の真理のあることを信じて疑わないのであります。同時に、われわれ人間がその個性を発揮するには、いついかなる時代にあっても、結局は各自の職業を通してするほかなく、それはいわば永遠の真理であって、人は職業以外の道によって、その個性を発揮するということは、ほとんど不可能に近いとさえいえるほどであります。

仕事と立腰

したがって男性は、自己の職分に全力を傾注すべきであります。言い換えますと、自分の仕事に全生命を賭けるべきであります。それゆえ仕事を、正当な理由なくして休んだり怠《なま》けたりすることは、人間としても、また男性としても、大いに恥ずべきことであります。

それゆえ官公職と民間企業とを問わず、ビジネスマン社会において欠勤・遅刻・早退が厳しくチェックされるのは当然で、このようでは人間社会の落伍者となることでしょう。

さて「仕事」に取り組む態度の問題ですが、第一には何としても肝要なのは本気ということで、また積極的態度ともいえましょう。第二は集中統一、第三は耐久持続ということが問われると思うのであります。しかもビジネスマン社会にあっては、単にそれだけではなく、方法なり結果が常に問題となるわけであります。

仕事に取組む方法論としては、①仕事の大小、軽重をよく認識し、仕事の手順をまちがえないこと、とりわけ小事を軽んじないことが大事でありましょう。②できるだけ迅速にして、しかも正確を期するよう努めること。③常に問題意識を持ち、仕事の処理に関する創意工夫を怠《おこた》らないこと。④他との協調・協力を惜しまないこと。⑤さらに結実の成果を上げることは必然であり、常に会社なり、組織体への貢献度の如何《いかん》が問われるわけであります。

以上挙げてきた仕事の条件のほかにも、さらに複雑多岐にわたる人間関係がありますので、大変といえば実に大変なわけであります。洞察力と企画力と行動力を常に回転せねばならぬからで、少なくとも仕事に賭けるビジネスマンにとっては、心・身の中心軸をよほど強じんにしておかないと、その全力回転には耐えられなくなるということであります。

立腰の徹底

そしてその中心軸を強じんにする唯一の方法は、「立腰《りつよう》」すなわち「腰骨を常に立て通す」ということなのであります。この「立腰」については、わたくしは過去二十年来学校の先生方や生徒に、またご父兄方に、ことあるごとに説き、「立腰教育」を提唱しつづけてきたものであります。わたくしとしては「人間に性根を入れる極秘法は何か」と問われたら、それは「常に腰骨を立て通す以外に道なし」と答えることにしております。

さて、この「立腰」につきましては、すでに『立腰教育入門』に詳しく述べておりますので、ゼヒともご一読いただきたいと思いますが、この書は、子ども「立腰教育」について述べてあるだけでなく、人間としてその「生」を全うする上においても、いかに「立腰の習得」が大事な必須条件であるかを説いたものであります。

なおその原理と方法の概略を申しますと、「立腰」は、東洋古来の「禅」の伝統に繋がる修業道でして、これこそ人間の主体性確立の唯一の方途《ほうと》なのであります。なお、この「立腰」によって、集中力・持続力・実践力が身につくわけで、それは人間は身心相即的存在であるとの原理に基づくものだからであります。次いでその方法ですが、腰骨を立てるといっても、旧軍隊式の直立不動の姿勢ではなくて、①尻を思い切り後ろに突き出し、②反対に腰骨をウンと前に突き出す。③そして、下腹の臍下丹田《せいかたんでん》に心もち力がこもるようにする、ということであります。

コトバでいうと、ただこれだけのことですが、これを日常の起居動作において身につけるということは実に容易でなく、これも生涯を賭けての修道であります。これは座禅や静坐においては申すまでもなく、剣道や弓道から朗詠・舞踊ならびに茶道・華道に至るまで、すでに説かれるもので、およそ道と名のつくもののすべてに通ずる根本的な真理なのであります。

5 職場の人間関係

人間の宿業

いまさらわたくしが申すまでもなく、国際的にも、国内的にも世はまさに「激動・激変の時代」といわれているとおりであります。では現代という時代の特徴を認識する上で大事な鍵は何かと申しますと、それは一つは多極化ということであり、一つはスピード化だろうと思われます。しかしこの二つは相関関係であって、この多極化ということも、スピード・アップより発生した副産物ともいえますから、一言でもっていえば現代はまったく目まぐるしいスピードの時代と申せましょう。

　こうした激変の時代に処して、しかも経済の低成長時代に生き残るために、各企業は文字どおりシノギをけずっているわけであります。それゆえ企業においては、技術革新の寵児《ちょうじ》であるコンピュータの導入によって、経営の合理化を図る一方、企業内教育が盛んに行われるに至っているのであります。しかもその企業内教育の三大眼目について各社の目指すところは

㈠いかにしてモラール（志気）を起こさしめるか
㈡人間関係のひずみをいかに是正するか
㈢自己啓発と健康管理はどうあるべきか

ということになっているようであります。企業内において、人間関係の重要さが説かれ出したのは、直接的にはアメリカからの移入と思われますが、戦後のわが国においても、次第に人間関係のひずみが生じ出したからでありましょう。一面からは人間関係こそは、いつの時代においても人間の持つ「宿業《しゅくごう》」に

根差すものゆえ、問題の絶え間がないとも申せましょう。

長たる者の心掛け

では、この「人間関係」について考える時、一番大事なことは何かといえば、それは、申すまでもなく結局は「和」ということでありましょう。ところがこの「和」を生み出すには、一体どうしたらよいかが問題となるわけで、この点こそ「人間関係」において一番大切な、また最も困難な点だといえましょう。

ところで、この点に関して一番大事な問題は、わたくしは上位にある人が「無私」でなければならぬと思うのであります。実際長たる人にとって、この「無私」の精神ほど大切なことはないといえましょう。そしてこの「無私」の精神は、やがてそれが人々に対する時「公平」な態度となるわけで、いわゆるえこひいきというものがないということです。実際、人の上に立つものが、部下に対して不公平な態度があったり、いわんやえこひいきなどするとしたら、たとえその人が専門の技術の上では卓《すぐ》れていたとしても、そういう人には、部下は決して信服はしないでしょう。ところで部下が上長に対して、人間的に信服しないとなりますと、その団体なり集団の統一に弛みを生じてくるのは必然であります。しかも統一に弛みを生じた集団ないし団体というものは、真の力を発揮することができなくなるのはいうまでもないことです。

次に長たるものとして大事なことは、部下の一人びとりの人間の真価をハッキリ認識するということであります。この点も、結局のところ「無私公平」の精神なくしては、真の認識には至り得ないといえましょう。

その上に長たる者の心掛けとしては、部下に対する人間的な温情というか、思い遣りがなくてはいかに長たる人に専門的な実力があったとしても、部下の信服に欠けるものがあると申さねばなりますまい。

同僚関係

さて人間関係というものは、ひとり上・下関係だけではなくて、横の関係、すなわち同僚関係もまぬがれぬものであります。ところがこの同僚関係というものが、また実にむつかしいものだといってよいでしょう。ではその根因は何かというと、結局それは、われわれ人間には「嫉妬心」というものがあって、これは非常に根深い人間的情念だと思うのであります。

そもそも嫉妬心とは、自己の存立の根底を脅かすような強力な競争者が出現したとなると、どんなリッパな人といわれる人でも、この嫉妬の念なきを得ないのでありまして、ただそれをどこまで露《あらわ》にするか否かが、その人物の人となりとか、教養によるといえましょう。とにかくこの嫉妬の情というものは、われわれ人間には、普通に人々の考えている以上に根深いものですから、これが

「人間関係」を傷つける、おそらくは最深の因といってよいでしょう。すなわち、たとえ上位にある人自身はことを公平に処しても、部下の人びと相互の間には、常にこの嫉妬の念が働いているわけですから、ことは決して容易でないわけです。

では、このような嫉妬の念を克服するには、われわれは一体どうしたらよいでしょうか。それは、自他の実力及び人間的真価をありのままに認識するほかないと思うのであります。そしてその際、最も大事なのは、やはり「無私」という精神的態度であります。すなわち、その実力において自分より卓れている人に対しては、その実力が自分より勝《まさ》っていることを、冷静かつ公平に認識するということであります。そうしますと、嫉妬の焔《ほのお》も次第に薄れて、わが心も自然に落ちつきを取り戻すのが常であります。

上位者に対する心掛け

では次に、上位者に対する下位者としての心掛けは、一体どうあるべきでしょうか。原則としては、上位者の命には忠実に従うということであります。そしてよほどの場合でない限り、それに対して批判がましいことはいわぬということでしょう。それはナゼかと申しますと、一部下に過ぎない立場と、広く全体を見渡して責任を負うている立場とでは、ものの見方の上に非常な相違があるからであります。

その代わり、もし上位者から意見を徴せられた場合には、卒直坦懐《たんかい》に自己の所信を述べるがよいと思います。ただしその場合といえども、立場の相違に基づく見解に広狭のあることは、やはり忘れぬようにしたいものであります。ですから仮りに、上位者から意見を求められた場合といえども、あまり調子に乗って批判がましい印象を相手に与えぬような心掛けは必要と思います。

同時にこうした点について、わたくしに忘れ難いのは、かの岡田式静坐法の創始者たる故岡田虎二郎先生の言葉と伝えられる「上位者に喰って掛かって、自ら快《こころよ》しとする程度の人間は、真の大器ではない」は、いまもって忘れ難いのであります。また会社の帰りに、縄のれんをくぐって一杯引っ掛けながら上位者の悪口をいっては、溜飲《りゅういん》を下げる程度の人間も大したものではないと思うのであります。

次に上位者に対して、下位者として守るべきいま一つの心掛けは、上位者に対して媚《こ》び諂《へつら》わぬように――ということであります。すなわち上位者に対しては、いたずらに反抗もしないと同時に、また反面、これに媚び諂ったりなどしないということであります。というのも媚び諂うということは、人間として卑《いや》しいことだからであります。同時にまたそれゆえに、当の上位者自身からも、かえって軽んじられる結果となることを知らねばなりません。

6 読書と求道

人生を生きる原動力

さて、読書という営みは、このわれわれの人生において、一体いかなる位置と比重を占めるものでありましょうか。すなわち、人生における読書の意義と価値についてまず考えてみたいと思います。それに先立って、書物とは一体何なのかということですが、客観的に申しますと書物というものは、結局この無限に複雑多彩な人生ならびに現実界の反映であり、その縮図であるといえましょう。したがって書物を読むということは、そうした無限に複雑な人生ならびに現実界の一端について知る上での最適な一便法《べんぽう》といえましょう。

もっともこれは読書の意義について、いわば巨視的大観の立場に立って申したまででありまして、主観的にはどういう価値があるかと申しますと、㈠われわれ自身がこの二度とない人生をいかに生きるかという、人間の生き方を学べるということ。㈡自己の職業に関する専門的知識を吸収できるということ。㈢真の意味における広く豊かな教養を身につけ得るのではないでしょうか。

そしてこれがまた、われわれにとって必要な読書の三大部門と申せましょう。ですから、これらの三大部門については、たとえそのうち一つの部門だけでも、読まないよりはましだといえましょうが、しかし理想としては、こいねがわくはこれら読書の三大部門が、ほどよき調和を保つということこそ望ましい読書態度というべきでしょう。

ところが一般的に申して、この三大部門のうち、何としても中心的基盤というべき読書は、そこに自分の人生の生き方を見出し、人生を力強く生きる原動力をも、汲み出し得るようなものでなくてはならぬと思います。世の中にはいわゆる読書好きという人があって、読書をもっていわば一種の娯楽ないしは時間つぶしというような興味本位の読書家も、多くの人の中にはいるわけでありま す。しかしそういう人でさえ、読書によってこの人生の深い味わいが、しみじみと味わえるような読書に至らねば、真の読書とは言い難いと思うのでありま す。したがってまた真の良書とは、人生の理法を明らかにし、人生を生き抜く真の原動力を与えるものでなくてはならぬわけであります。

良書の選択

ところでこの「良書の選択」ということですが、これがまた容易ならぬことなのであります。わたくしの考えでは、このように「書物の選択」さえ誤らなければ、読書も意外にラクなものともいえ、少なくともその人に読もうという心掛けさえあれば、読書という事柄は、ほとんどほかに問題はないといってもよいかと思うほどであります。わたくしから申せば、読書法などといっても、結局は書物の選択を誤らぬということが根本の第一義であって、これさえ誤らなければ、読書の問題の八〜九割までは、片づくといってもよいかと思われます。

そこで問題は、ではどうしたら「書物の選択」が巧みになるかという問題ですが、これは結局読者自身が、良書を鑑別する鑑識眼というか、真の眼力を養うほかないといえましょう。しかしこれはまた、生涯にわたる人生修業の一つでもあって、本来至難の業であります。と申しますのも、書物の鑑識眼を身につけるということは、その人自身が人生ならびに現実に対してある種の洞察力を身につけなければ、実はできないことだといってよいからであります。

もっともこのような最終的な理想を申しますと、かえってますます読書嫌悪症にかかる結果になりかねないでしょうが、ことの真相を申したにすぎません。

そこで大事なことは、身近に適当な指導者があって、良書の選択や紹介をしてもらえますと、まことに有難いわけであります。わたくしも、過去三十有余年にわたり一人雑誌（初めは「開顕」、いまは「実践人」）の刊行をつづけてきたわけですが、その誌面には必ず「佳書紹介」欄を設け、また講演の機会ごとに一貫してこの読書指導の方針を貫いてきたわけであります。

求道入門

さて、読書についてわたくしの常に申しておりますことは「書物は人間の心の養分」というわけで、肉体を養うために毎日の食事が欠かせないように、心を豊かに養う滋養分としての読書は、われわれにとって欠くことのできないものなのであります。ですから人間も読書をしなくなったら、いつしか心の栄養不足をきたすと見て差し支えないでしょう。

同時にまたその反面、滋養の摂り過ぎにも問題があるわけですが、こういう人も所謂《いわゆる》読書家といわれる人々の中にもあるわけで、これは真の実践的エネルギーに繋《つな》がらない読書だからであります。「論語読みの論語知らず」というコトバがありますが、そうした種類の読書人に対する痛烈な批判でありまして、日常の実践に昇華しない読書家にとって、これほど内省すべきコトバはないともいえましょう。しかし一方から申しますと、真に実践に繋がらないとは、その人自身が真の自覚に達していないともいえるわけで、それは言い換えると、真の読書に透徹していないからともいえましょう。

読書態度の確立

ものごとはすべて一長一短でありまして、このように読書についても短所の一面がないわけではありません。いやしくも道を求め、道を歩まんとする求道の士にとっては、読書は欠くことのできない求道の門であり、同時にまた奥の院であるとも申せましょう。ところが今日「求道」というコトバさえ、縁遠いコトバになりつつあるともいえましょうが、しかし真の「求道」とは、この世に「生」を享けて——二度とないこの人生をいかに生きるか——という人生の根本問題と取り組み、常に真剣に自らを緊きしめ歩もうとする人生態度といってよかろうと思います。

ですからわたくしの読書論は、先ほども申したように、何を読むかという「書物の選択」とともに「いかに読むか」という読書の態度が常に問題になるわけであります。と申しますのも読書は、テレビを観るに比べて、いかに内的緊張を要するか、改めて申すまでもないことであります。ですから、毎日一定の時間を読書に打ち込むということは、いかほどの自己規制と自己克服を要するかを考えますと、求道としての読書の意義についてもお分かりいただけるかと思います。

わたくしは「一日不作一日不食」という禅門のコトバにならって「一日不読一日不喰」というわけで、なんらかの支障によって、読書の最低基準が果されなかった日は、次の食事を一食抜くくらいの覚悟が望ましいと思うのでありまして、こうなりますと、読書の入門が、そのまま、ある意味では、道への入門であるという意味もお分かりいただけようかと思います。

父親としてのテレビ対策

ところで今日、子女の教育上わたくしの深憂にたえない問題は、一億総白痴化ともいえるテレビ問題でありまして、いまこそテレビ対策を各ご家庭において根本的に確立することこそ、何よりの緊急事と思うのであります。例えば

①テレビを至近距離で見せないこと

②視聴時間を決めて一定時間に制限すること

③子ども部屋には絶対テレビを置かぬこと

その他、週に一日「テレビの断食日」を設けるなど、ご夫婦でよくご相談の上、テレビ対策を取り決めていただきたいのであります。

ところでここで家長であるお父さん方に特にお願い申したいのは、一日の勤めを終えて、夕食後のひと時や休日に、寝ころんでテレビを観るという気持ちはよく分かりますが、しかし今日のようなむつかしい世相においては、子女の教育上、また家長としての権威の上からしても、寝ころんでテレビを観ることだけは、ゼヒともおやめいただきたいと思うのであります。

7 健康管理と立腰

健康とは

今日のような時代においては、わたくしたちは天災・人災の如何を問わず、いつ何時不慮の事故に遭遇するかもしれず、明日の生命さえ保証され難いといえましょう。そこで、われわれとしては、いつ死んでも悔いのないように、いつでもそこに人生の一完態を呈するような生き方が望ましいと思うのでありま す。ところで、人間はいつ何時何ごとが起こるか分からぬ、という覚悟の必要なことは申すまでもありませんが、しかしせっかく「生」をこの世に享けた以上、お互いにできるだけ長生きして、最後まで充実した生活を全《まっと》うしたいものであります。そしてそのためには、お互いにできるだけ用心して、健康に留意する必要があると思います。それというのも、われわれ人間の生命は、もともと神から与えられたものですから、もし神意にしたがってムリをせず、正しい生活態度を守ったら、九十歳とか百歳ということは別にして、誰でも八十歳前後までは生きられるのが本当だろうと思います。

さて、健康への方法について考える前に、そもそも「健康」とは一体どういうことかという点を、まず明らかにしておく必要がありましょう。では「健康」とは一体どういうものかと申しますと、それはわれわれ人間の全身心の調和とバランスが、よく取れている状態だといってもよいでしょう。

というのも、いわゆる体力が強健だということと健康とは、必ずしも同じではないからであります。もっとも身体の強健な人は、概して健康だとはいえましょうが、しかし必ずしもそうとはいえないわけで、かの学生時代に運動選手だった人が、後日社会へ出てから、とかく病気がちだという例が意外に多いということは、皆さん方もすでにご承知のとおりでしょうが、この一事によっても身体の強健と健康とが、必ずしも同じだといえないことがお分かりかと思います。

ではどうしてかと申しますと、一部の運動選手等は、自分の体力を過信して、とかくムリをしやすいからであります。ところがムリをするということは、全身のバランスが破れるということで、結局は健康を損って病気になるわけであります。同時に反対に、若い頃はそれほど強健でないどころか、中位か、時にはそれ以下の人でも、常に用心してムリをせず、いつも身・心の全体的な調和とバランスを破らないように注意する人は、案外長生きするものであります。いわゆる長寿の人の中には、意外にそういう人が多いようであります。

立腰と健康

ところで、この全身的な調和とバランスを保つという点で、根本的な一番大切なことは「立腰」であります。というのも、脊柱《せきちゅう》というものは、いわば全身の大黒柱ですから、これを常に真っ直ぐにしていると、全身のつりあいがよく取れ、バランス感覚が鋭敏になるわけであります。その大事な脊柱の基盤をなす腰骨を立てることは、心・身の統一・集中・持続力を身につける極秘伝であるのみならず、健康維持の上にも大いに効果があるわけです。

わたくしは今年で満八十五歳になりましたが、老《ふ》け込みが人様より多少遅いらしく、こうして日々山積する仕事をいまなお消化《こな》せるのは、いつも申すように、十五歳の時から腰骨だけは立てつづけてきたおかげであります。それに九年前に長男を亡くしまして、それ以来、独居自炊の生活をつづけておりますが、玄米食と一汁もしくは一菜で、極めて粗食の生活を送っております。わたくしの健康維持にとっては、この「立腰」と「粗食」とが欠くことのできない二大素因をなしていると思われますが、もう一つわたくしの常に心掛けておりますことは、ものごとを「おっくうがらぬ」ということであります。何ごともおっくうがらずに、立居振舞を俊敏にすることに心掛け、必要あれば二階の上り下りを日に幾十回するか分からぬほどであります。

なおついでですが、そのほかにわたくしが実行している健康法の二・三を、次にご参考までに申しますと、

㈠　第一は「半身入浴法」です。これは入浴の際、乳から上の上半身を、お湯から出しているということです。その際のお湯の温度は、多少は熱目でもよく、また初めに顔を洗わず、乳から上を濡らさず、じっと下半身を温めるのであります。そして後では外で全身を洗い、その後の入浴では肩までお湯に全身をつけることは申すまでもありません（ただし、なるべく短時間で上が

るようにするのです）。この「半身入浴法」は、特に下半身をよく温め、全身の血行を整える上で大変効果があります。

㈡　次には「無枕安眠法」ですが、これは文字どおり夜寝る時枕を用いないということです。これを実行しますと、一日の疲労は一夜のうちにスッカリ消えてなくなるのであります。それというのも、われわれ人間の頭は、体重の約三分の一ほども重さがありますが、それが枕をいたしますと、枕の高さに応じて頭の重力の何分の一かが、背骨の第十二骨から第十五骨の辺にその重みが伝わり、そして睡眠中ずっとその部分に重みが加わりますので、自然に背中のその部分――これを昔からけんびきと呼んでいますが――が凝《こ》るわけです。ところが枕をしなければ、頭の重量は全部地球に吸い取られますから、さすがのけんびきも全然凝らなくなるのであります。

㈢　第三は飯菜別食法。これは分かりやすく申すと、ご飯とお菜を口の中で一緒にしないように、一口ずつ別々に食べるという食べ方でありまして、この食べ方を実行しますと、どんなに胃の悪い人でも、次第に胃の患《わずらい》から救われるのであります。というのも、われわれ人間ののどは、お菜かご飯か、どちらか一方だけですと、十分に嚙まないと、のどの番人が見張りをしていてなかなか通しませんが、ご飯とお菜を一緒くたに口の中へ入れますと、のどの番人はもはや見張りをやめますから、咀嚼《そしやく》不十分なままでも平気でのどを通るのであり、そしてこれが胃の悪くなる根本原因であります。

以上の三つは、わたくしが多年実行している健康法について簡単に述べたわけですが、健康法としてはこれら以外にもいろいろあるわけで、要は、自分の体に合った健康法を突き止めて、生涯それを実行するのが大切だと思います。

自己防衛策

ところで今日、がんによる死亡率が死因の第一位を占めるほど、がんの脅威を感ずる時世ですが、がんという病気は一種の総合的な文明病であると考えざるを得ません。ですからその原因はいろいろと論ぜられるわけで、食品公害もその重要な一つと数えられると思います。一時注目の的として騒がれた公害問題もいまは鳴りをひそめておりますが、保存食品の中の着色剤・防腐剤、それに工場の廃液による魚類の薬害含有、それに農薬や洗剤の悪影響等、いまなお規則の網の目をくぐって公害食品がまかり通っている現状ではないでしょうか。

思えばこういう怖るべき時代に、何を食べたらよいかということは、実に重大な問題ですが、わたくしとして申したいことは、

㈠玄米食に切り換えること
㈡なるべく植物性の蛋白質のものを摂《と》ること
㈢できるだけ白砂糖を減らす

ということであります。このように、今日の時代においては、われわれ各自が、食品に対する自己防衛策を打ち立てて、これに対処するよりほかないとい

わざるを得ないようであります。

なおついでですが、先日「朝日新聞」の第一面に発表されておりましたとおり、医学者の研究成果として、「味噌汁の常食者は、胃ガンに罹りにくい。ただし塩分をややひかえ目に――」とのことであります。これはもちろん味噌汁を一切食べない方に比較しての、統計上のことですが、味噌汁というものがいかに民族における智慧であるばかりか、日本人の風土と体質に適したこの上ない健康食品であることを、改めて認識する必要があると思うのであります。

なお味噌汁には、若布《わかめ》、豆腐、油揚げは欠かせぬもので、この三品によって、味覚の調和のみか、栄養価のバランスはまさに絶妙と申していいでしょう。

8 財の保全と蓄積

すべて最大活用

前章においては「健康管理」の問題を取り上げ、われわれ人間は、この世において与えられた「生」をいかに健康で、しかも長命して生きるかということについて述べたわけであります。そういう観点からして同様なことが、物や金についてもいえるわけで、すべて与えられたものごとをいかに最大限に活用するか——ということは、すべてのものごとに通ずる不動の真理だといえましょう。

ところで、最大活用の真理とは何かと申しますと、これは結局「ムダにしない」という六字に極まると思います。そして自己に与えられた生命や能力及び時間をムダにしないのみならず、他人の生命・能力・時間もなるべくムダにしてはならぬと思うのであります。

たとえば、夜帰ってなすべき仕事があるのに、ついテレビに引き込まれるなどということは、自分の時間のムダでありますが、また人と約束した待ち合せの時間に遅れるなどということも相手の時間をムダにしたことになるわけであります。また「教育」ということも、結局はその人の持てる能力をいかに最大限に発揮させるかという問題ともいえましょう。

浪費を抑える

ところでこの「ムダにしない」という人生の最大最深の教えをわれわれは、

昔からいかにして教えられ種蒔かれてきたかと申しますと、それは食事の時のご飯粒についても、その一粒さえ残すとよく叱られたものであります。これが日本人の伝統に基づく教育の智慧であると思わざるを得ません。すなわち農耕民族として、飯粒ひと粒を通してすべてを「ムダにしない」という人生最大の真理を子々孫々に教え込みつづけてきたわけであります。

さて、その日本人がいつ頃からか、たぶん昭和三十年代の高度成長に酔って、浪費が美徳だなどというとんでもないコトバに惑わされてきたわけですが、昭和四十七年のオイル・ショック以来、ようやく日本人本来の考え方へのUターンの徴候が表れ出したかに思われます。

さて、以下述べようとするお金の問題ですが、これについても、結局はムダ遣いをしない、さらには「入るを計って出ずるを制す」という経済の根本真理となるのであります。いかに収入が多くても、支出が収入を上回る人と、収入が前者に比べて少なくても、消費が収入を上回らない人を比べてみまして、いずれが貧しくいずれが富んでいると申せましょうか。申すまでもなく、後者すなわち支出が収入を超えず、剰余金の多い人ほど前者に比べて富んでいると申せましょう。これがわたくしの貧富観でありまして、収入の多い人が必ずしも富める人ではなく、収入の少ない人が必ずしも貧なりといえないのであります。すなわち各自の「分」に応じて、ムダ遣いをしない人をもって、富みかつ堅実な人と申せましょう。この点に関して日本の先哲二宮尊徳翁は極めて平明に、その「分度論」を説いているのであります。そして収入の二割五分を貯蓄することをもって、分度の基本線として力説しているのであります。この二割五分説は、多くの事柄に通ずるいわば黄金律でありまして、この比率の応用範囲は極めて広大と申してよいと思うのです。

とにかく浪費、すなわちムダ遣いを極力抑えるということであります。「付き合い」という名の下に起こり得る出費も、決して軽視できないものと思います。何しろ、行きつけのスナックなどで「ツケ」で飲むことだけは、差し控えたいものであります。

基礎蓄積

さて、次にお金の問題で大事なことは、基礎蓄積ということであります。父親として、子どもの成長を見通した上で、学費や結婚資金の予算を立て、最も出費の重なる四十歳代に至るまでの蓄財計画を立てねばならぬと思います。またそれに先立つ三十歳代には、家屋購入のローン支払いに追われがちでありますから、サラリーマンにとって資金の蓄積は、不可欠の問題というべきでしょう。

その資金づくりについては、まず基礎蓄積ということを多年にわたり提唱しているわけです。つまり、それぞれの年代と家庭に応じた基本の目標額を取り決め、夫婦・子どもが一家を挙げて目標達成までは、家計の緊縮節減を実行するほかないのであります。何ゆえ基礎蓄積を重んずるかと申しますと、ビル建設にも土台づくりが肝心なように、例えば三百万円の資金づくりのために、基礎蓄積の百万円の土台づくりが、何よりの緊急事であるわけであります。

例えば、百万円の蓄積に要した労力と期間を仮りに一とすれば、あとの二百万円は一・五倍の労力と期間でなし得られるものであります。ですからわたくしどもは、何としても「基礎蓄積」を達成するまでは、耐乏生活に耐えねばならぬわけであります。それにつけても「サラリーマン金融」ほど恐ろしいものはないわけですから、一家破滅の憂き目に陥らぬよう、これだけは厳に慎しむよう重ねて力説せずにはいられません。

お金の使い方

とにかくわたくしどもは、たとえ金持ちにはなれなくても、少なくとも自己

（基本図）

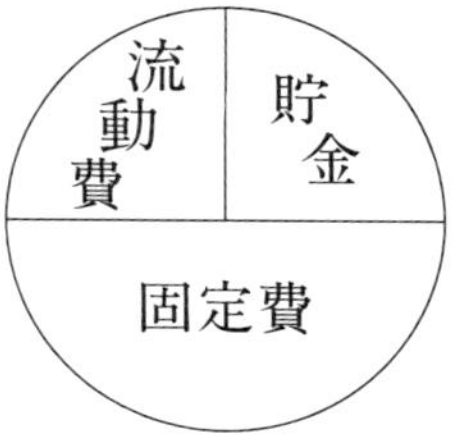

（図一）

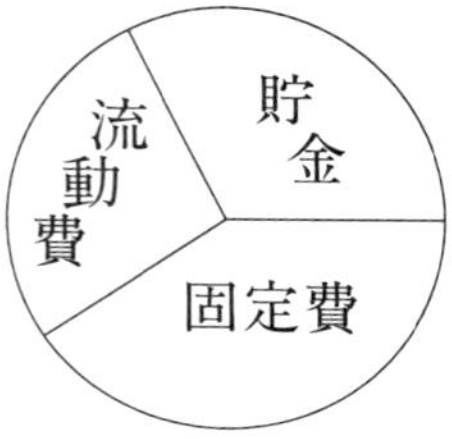

（図二）

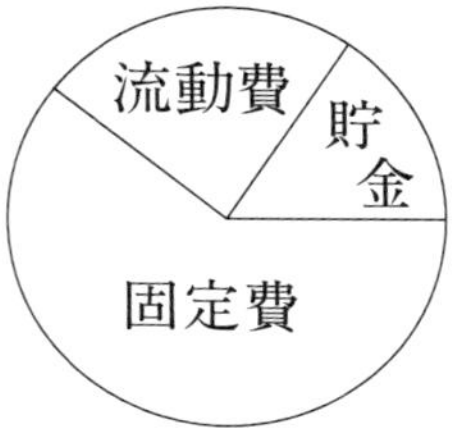

の「分」に応じて、金に困らぬだけの人間になるべく義務づけられているとも申せましょう。そしてそのためには、二宮尊徳がその「分度論」で説いているように、各人がそれぞれの「分」に応じた生活態度を確立せねばなりますまい。

次に図示したように、これが家庭経済において最も安定した基本的な比率であるといえましょう。したがって、それを基本として多少の変動はあろうと思いますが、しかし一年を通してみますと、大体この基本線を遵守《じゅんしゅ》するようでなくてはなるまいと思われます。とりわけ基礎蓄積の途上にある間は、図一のごとく貯金の比率が四分の一を上回るくらいでなくては、達成はおぼつかないかと思われます。とにかく、夫妻でよく談じ合い、目標額とその達成期間、そして支出比率を取り決めて健全な家庭経済の運営に、お互いに協力し合うことが望ましいと思います。

そしていかなる変動にも応じ得る自己防衛対策を、各家庭で樹立する必要を痛感する次第であります。

9 家づくりの年代

持家への夢を

先に申したように、われわれは人生を大観した上で、大体の目標を決め、その達成に取り組まねばならぬわけであります。ところで長男として、土地建物を親より譲り受ける人や、またごく少数の、持家までも親に建ててもらい、一切「住」の心配のない人は別として、持家づくりの問題ではいろいろと悩んでいる人が多いようであります。大方の人が二十代の後半では結婚するとして、その後間もなく「家づくり」の問題に取り組まねばならなくなるのが現状のようであります。

このように「住」の問題は、非常に困難な問題でありまして、サラリーマン男性の心中をお察ししますと、なかなかもって容易ならぬものとご同情の念を禁じ得ないのであります。

そこで、やがてきたるべきこの「住」の問題のために備えて、すでに二十代からいわゆる「基礎蓄積」に取り掛からねばならぬといえましょう。そしてその意味では、今日の相場として、大体二十代の後半に最低三百万円からできれば五百万円程度の基礎蓄積が必要かと思われます。それというのも、マンション入手の手付金としても、相当のお金が絶対の必須条件といえるからです。たとえ十五年返済のローン契約にしろ、少なくとも四分の一の手付金の支払いを、最低額として必要とするからであります。

さて、このようにわが家のための手付金として、最低三百万円ないし五百万円を蓄積することができたとしても、ここで考えねばならぬことは、現在の経済情勢では、これだけの蓄積で一挙にわが家を持ち得るかというように、一般的にはそれはムリな話で、実際にはこの基金をもとにして最初は三ＤＫ程度のマンションを購入することにし、そこで十年ないし十五年住んで、四十代のなかばになった辺りで、土地つきのわが持家を持つことができたら、一般のサラリーマンとしては一応最上と申してよいではないでしょうか。おそらくそうした幸運をつかみ得る人は二割五分程度の人でしかないのが実情ではないでしょうか。それゆえこのマンション時代に、他日持家をつくるための蓄積に努めねばならぬことは申すまでもないことであります。

　こういう観点から考えますと、二十代はマンションへの基礎蓄積の年代、また三十代もこれまた持ち家への準備の年代と申せましょう。では四十代はどうかというと、四十代は子どもの教育と進学でひと苦労も、ふた苦労もしなければならぬのが普通ですが、さらに五十代から六十代へ掛けてはわが子の結婚、さらに人によっては分家というように、一生で最大の出費を要する年代となるわけであります。それゆえ三十代で住宅ローンの支払いの完了できることが望ましいわけであります。

土地こそ最大の恩恵

こうしたサラリーマン生活の実情を察した上で、ご参考の一端にもと、以上のような分かり切ったことを申してみたわけであります。それゆえ現在すでに土地に恵まれ、持家に恵まれて、ないし住宅に関する一切のローンの配慮を要しない方々に対しては、地代や家賃、そして住宅ローンの支払いを要しないということは、いかに大きな恩恵であるかということを、この際特に知っていただきたいゆえであります。幸いにも一家の後継者として、そっくりそのまま家を譲り受け、あるいはまた分家を親から譲られた人々にとっては、この際土地こそ最大の恩恵であることを思い起こしていただきたいのであります。

なおついでですが、親の立場から子どもへの遺産を残したい余裕のある人は、最高八十坪の土地だけを譲渡することが、不動産に関しては最大の贈り物と申せましょう。なかには、子どものために家まで建ててやる親ごさんさえあるようですが、わたくしの考えとしては、この考えにはどうも賛成しがたいのでありまして、それというのも人間としての性根を育てる上で、また人間としての真の智慧を身につけさす上で、過分の譲与は問題ではなかろうかと思うのであります。それではかえって、恩恵の有難さが分からずじまいで一生を終わらせるような結果になろうかと思うからであります。

家づくりの設計

ところで家づくりの設計ですが、今日の家族構成から申して、三ＬＤＫが標準ではなかろうかと思われます。戦後アメリカの風潮を取り入れ、子ども部屋を重要視し、かえって夫婦部屋や家族団らんの居間を軽く見る傾向も見受けられますが、再検討を要する問題ではないかと思います。わたくしとしましては、子ども部屋は採光面をよく考え、六畳の間をアコーディオンカーテンで仕切って住まわせるのがよくはないかと思われます。子ども部屋として各自に一室を与えることは、アメリカ式の風潮であって、われわれ日本人にはどうも不向きではないかと思われます。

それというのも、自立性の確立のできないものを個室に入れるということは、わがままを増長することになりがちで、アメリカ式の個人主義においては徹底した自己責任という厳しい躾けの裏づけがあることを忘れてはなるまいと思います。

要するに、子ども部屋に多くを割かないで居間を大きく取り、一家団らんの場を充実するというのが、日本式の家づくりではないかと思われます。それからテレビはその居間に置き、決して食堂には置かず、ましてや子ども部屋には決して置かぬことは申すまでもないことです。それからこの頃では必ず応接間として洋間をつくり、テーブルとソファ・椅子を据えるのがお決まりのようですが、これは来客の出入りの激しいお宅ならともかく、時たま親しい知己・友人や血縁の人に限られるような訪問客のお宅では、かえって応接間と称する洋間は必要ないのではないでしょうか。現在、テーブルや椅子を取り払い、一家だんらんの居間として活用しているのを時々見受けますが、古来坐を重んずる日本人には、やはりこのほうが本当にくつろぐのではないでしょうか。

なお次に述べるようなことは、家づくりの常識として申すまでもないことですが、家づくりもしくは家選びのご参考になればと思います。

まず第一に日当たりの問題で、東窓は朝日がよく射し込み、西窓は、西日の直射を受けて夏の朝夕には困るほどでしょう。その点南窓は、一日中明るくて暖かく、居間には最適と思われます。北窓は、冬は北風を受けて寒いとはいえますが、しかし日光の直射を受けることが少ないので、書斎には好適といえましょう。

次に申したいことは、家というものは敷地一杯に建てるべきではないということです。建売り住宅の場合、予算の都合上やむを得ない場合は別として、一坪でも二坪でも空間を残すということは、採光の面でも、また自然の土の恩恵にあずかって、ちょっとした花でも植えられるという面で大変好ましいと思われます。

最後に一言

それから「持家づくり」について、もう一つ申したいことは、退職金を当てにしないということです。退職金をもって家を手に入れればよいという人は近頃ではごく少ないとは思いますが、どうも賛成しかねます。退職金というものは、老後のために備えるべきものであって、「住まい」の問題は、三十代において、夫婦が協力して着手すべき問題で、夫婦にとっては一生における一大事業なわけです。それというのも、人間の晩年は収入が少なくなるのに、交際範囲は次第に広がって、冠婚葬祭その他慶弔費に意外にお金が掛かるものだということを考えねばなるまいと思います。

10 夫婦のあり方

夫婦の決まり

わたくしもいままで随分と結婚の披露宴のお招きを受け、祝辞を述べる機会を与えられてきたわけですが、そのつど大体決まって申し上げてきたことは、次のとおりであります。

「まず新婦のお方にお願いしたいことは、

第一、朝起きたら御主人に対して必ず朝のアイサツをなさること

第二、御主人から呼ばれたらハッキリと、そして爽《さわ》かに「ハイ」と返事をな

さること

第三、主人の収入の多少に対しては、一切不平をいわぬこと

以上の三か条であります。次に、新郎たる御主人にお願いしたいことは、

第一、奥さんに対しては小言をいわないこと

第二、奥さんの容貌に関しては一切触れないこと

第三、奥さんの実家の親・兄弟はもちろん、親戚についてもけなさぬこと

これがお互いに守っていただきたい三つの決まりであります」と。

という風に、人生の門出《かどで》にあたり、若いご夫婦に説いてきたのであります。

「小言をいわぬ」とは、妻に対する大前提でなければならぬと思います。というのは、肉体的交渉を持つ妻を教育しようなどとは、とんでもないことだからです。それよりもむしろ「一切小言をいわぬ」ということが、最根本的態度でなければならぬと思います。

何となれば「結婚するまでは両眼を見開き、よく見極め、結婚したら片目を

閉じよ」と一般にいわれておるように、妻への「いたわり」が根本になければならぬといえましょう。生まれも育ちもすべて違うものが、こうして夫婦として結ばれ、家庭を持ち、子を産み、そして育て、日々の生活をともにするわけですから、思えば宿世の因縁というよりほかないでしょう。つまり、人生の伴侶への「いたわり」が根本基盤として忘れられてはならぬわけであります。

それにつけても、近年アメリカの風潮を受け、わが国においても離婚率が世界第三位という、まことに好ましからぬ現象ですが、この離婚原因の第一を占める性格の不一致なども、一方からいえば自己中心的な気随《きずい》・わがままが最大原因ともいえましょうが、一方からは血液型や生年月日等による気質の洞察を誤った点もないとはいえないでしょう。こういう面からの相性判断も、むげに一笑に付すべきではないと、わたくしは考えるものであります。しかしこの点についてはまた後ほど述べることにいたしましょう。

いたわりと忍耐と賛助

ところで、わたくしは若い御夫婦にははなむけのコトバとしていつも申すのですが、人間関係のうち、夫婦関係ほどお互いに絶大な忍耐を要する関係はほかにはないということです。それゆえ相手の欠点短所を攻めるのでなく、むしろ人間的に卓《すぐ》れたほうが、相手の至らぬ点は背負うていく覚悟がなくてはならぬということです。

ですから、わたくしは夫婦和合の心構えとして、㈠いたわり、㈡忍耐が最大の必要条件と思われてなりません。そしてもう一つ加えるとすれば、㈢賛助ということではないでしょうか。㈢の賛助とは、平たく申せば「助け合い」ということです。この「賛助」ということも、直接的と間接的とがあるわけで、譬《たと》えて申せば台所仕事に直接手を下して手伝うよりも、奥さんの丹誠込めた料理をホメるということが、最も効果のある間接的な賛助ではないでしょうか。これなら世のご主人方もその心掛け次第でたやすくできそうに思われますが、イザ実際にということになりますと、実はこれ一つさえ決して容易ではなく「『ウン、これはウマイ』といってくれたことはただの一度もなく、ただ黙ってムシャムシャ食べてくれてるだけです」とこぼされる奥さんの多いのもムリないことでしょう。ですから、世の男性諸氏に申し上げたいことは、「ウンこれはウマイ!! よくできたね」と、三日に一度くらいはゼヒ一ついい添えていただけたらと提言する次第です。これは要するに、奥さんの努力に対する間接的な賛助精神の発露として、極めて大事なことであり、これによって奥さんがますます腕を磨くキッカケとなり、励みともなりましょう。

ゼッタイの禁句禁言

それとは反対に「これはマズイ」という一言は、奥さんにとっては致命的な痛手をこうむるわけですから、これはゼッタイ口にしてはならぬ禁句でありましょう。まさに一言の違いが、天地の差を生ずると申せましょう。「ウンこれは珍しい。だがちょっと塩気が効きすぎたようだね」と言えばいいものを、これはマズイの一言で片づけられると、奥さんにとっては、たまったものではないでしょう。

それから、ゼッタイの禁句ともいうべきもう一つは、不器量・不器用・不細工・不格好というようなコトバを、奥さんに対してはゼッタイに発してはならぬと思います。それはわれわれ男性にとっては〝能なし〟とか〝甲斐性なし〟というコトバに相当するわけで、たとえ夫自身は内心それを認めていたとしても、妻からそれを言われると、これほど骨身にこたえる鋭利な一言はないと申せましょう。それというのも、男性にとって力量・能力・稼ぎ高などは、その第一条件でありますように、容貌・感覚・器用さは女性にとっての第一条件であるからです。

ですから、その根本条件に対する軽視・無視・蔑視こそ、男女両性にとって実に耐え難いものとなるわけであります。したがって、これらの一連のコトバはゼッタイ口にしてはならぬ一言として、たとえ冗談にも使ってはならぬのであります。

両方よいことはない

ところで先に、夫婦というものほど絶大な忍耐を要する人間関係はないと申しましたが、また反面、お茶漬けの味ともいわれるように、嚙み締めれば嚙み締めるほど、味わい深い人間関係はほかにないともいえましょう。こういう味わいを噛み締めるのは、おそらくは結婚生活二十年を過ぎた頃からかとも思われますが、わたくしも七十歳頃になって気づいたことは「世の中には両方よいことはない」ということでありまして、哲学というようなものを一生探求してきて、その結果を一口に申すとなれば、かような平凡極まる真理かとわれながらあきれるほどですが、これこそ天理、すなわち天地自然の法則なるがゆえでありましょう。神は人間の運命においてもマイナス面のみ与えたまうものでなく、その代償としてちゃんとプラスの面を用意したまうものであります。

また人間の性格におきましても、一長一短といわれるように、必ず一長あれば一短あるもので、お互いに相手の不完全なこと、否、欠点さえもよく知っておりつつ、しかもそれをお互いにいたわり合うところに、相互の信頼と融和が成り立つといえましょう。こうして、この波瀾《はらん》に満ちた人生の大海を、互いに手を取り合って渡っていくところに、真の夫婦の相があるといえましょう。

しかも、もう一つ大事なことは、もともと夫婦という間柄は、その根底において、お互いの相互理解というものがいかに困難かということを知らねばならぬでしょう。夫婦というものは、二つの中心を持つ一個の楕円《だえん》ではなくて、それぞれ中心を持つ二つの円が、互いに半分くらい重なり合った二つの円のようなものでありまして、二つの円の重なった部分だけが相互理解が可能な部分であって、他の部分は、お互いに理解できない部分だということを、改めて知る必要がありましょう。

11 子どもの教育

夫婦間の危機

前章では、一応「夫婦のあり方」について申しましたが、大変な難しさを痛感いたします。それというのも、仮に夫婦といってもそこにはいろいろな組合せがあって、文字どおり千差万別で色あいを異にしているから、ごく基本的な大事なことを申したに過ぎません。

ところで作家の遠藤周作氏がその『結婚論』において「本当の結婚生活というものは、この幻滅、失望、落胆の瞬間から始まるのだ」と言っておられますが、まったくそのとおりで、実際の結婚生活は、人生と同じく、必ずしも悦びや楽しさの連続でないばかりか、そこには倦怠《けんたい》もあれば、失意もあり、否、幻滅さえあると覚悟すべきだと思います。どんな夫婦でも――いっそこの際別れようか――という思いは一度ぐらいは心に去来するもののようであります。もしそうした思いが去来しない夫婦があったとしたら、そのご夫婦は二人ともよほどの楽天家か、それとも非常な好運に恵まれた人たちかのどちらかでしょう。ですから、いろいろな夫婦の危機を越えながらも、別居や離婚をしないで生涯を連れ添って歩みぬいたご夫婦というものは、単に辛抱強いとか忍耐の人というだけでなくて、やはり恩愛と真実の人と申せましょう。なんとしても人生の縁《えにし》を大事にすべきで、ごく少数の例外を除いては、ゼッタイに離婚すべきでないと思われます。

それというのも、離婚による最大の犠牲者は子どもたちであって、今日非行少年の大半は、両親の離婚家庭に多いということを見ても、いかにもとうなずかれることであります。しかも母親の蒸発によって母子家庭ならぬ父子家庭が増加しつつあるというに至っては、まことに痛心にたえない現象といわざるを得ません。

家庭は心身の安息所

なんと申しても子どもにとって家庭環境のあり方ほど、影響の甚大《じんだい》なものはないといえましょう。しかも家庭の「和」づくりの中心は、いうまでもなく夫婦のあり方であり、したがって夫婦の不和ほど子どもに対して不安・動揺を与えるものはないでしょう。人間の安息所たるべき家庭が、両親の冷たい争いの場と化しては、もはや何をかいわんやであります。それに反して、両親の和気アイアイたる語らいほど子どもたちへの心の養分となり活力を与えるものはないといえましょう。

ですからわたくしたちは、少なくとも子どもの前ではゼッタイに夫婦喧嘩を避けるべきは当然でありましょう。お互いに欠点や短所を持つ人間同士のことですから、意見の衝突や言葉のやりとりの末、夫婦喧嘩に至るケースも間々あるとは思われますが、せめてわが子のいる前だけは、それこそ「ゼッタイに夫婦喧嘩はしない」という根本原則を確立して、これを厳守したいものであります。実際、両親の不和や喧嘩ほど子どもにとって家庭を不愉快にするものはなく、両親がかもし出す家庭内の沈うつな空気には、実に耐えがたいものがありましょう。今日、家庭内暴力や校内暴力が新聞紙上でやかましく騒がれていますが、その原因の大半は、家庭における「和気」と「温かさ」の欠如にあるといえましょう。

わたくしは、かねてより、世のお母さん方に「母親こそは家庭の太陽である」と申しており、サンサンとふり注ぐ太陽の光と温かさを受けて、地上の万物が育つように、どうか太陽の熱と光を失わないでほしいと常々申しているわけです。何と申しても、母親が家庭において果たす役割がいかに大きいかを、世の男性たちも改めて認識を新たにし、和気と陽気の源泉である妻たり母たる人の心を曇らせ、悲しませるようなことは、子らのためにゼッタイに避けねばならぬといえましょう。

家庭は躾けの道場

このように、家庭は子どもにとっても、夫婦にとっても、心身の安息所であると同時に、また人間形成の、とりわけ「躾《しつ》け」の道場ともいえる一面がなくてはならないのであります。このように家庭教育において、両親の果す責務は実に重大であり、特に母親こそは家庭における躾けの根本責任者であります。とりわけ小学校三、四年生までは、母親の責任は九十五パーセント以上といっても過言ではなかろうと思います。では父親の家庭教育における責任分担はまったくゼロに等しいかといいますと、そうではなく、最もよき後援者でなければならぬといえましょう。

　わたくしは、人間教育の基盤は家庭教育にあり、その家庭教育の根本は実に「躾け」にあると考えるものであります。それゆえ「躾け」こそ、人間教育への軌道であり、否、基盤だと申してよかろうと考えております。それほどわたくしは、「躾け」の意義を重視するものであります。

　ところで、その「躾け」の問題ですが、わたくしは「躾け」の根本は、次の三つの事柄を徹底させれば、それで一応親の責任は済むとさえ考えているものです。と申すのも、この三カ条さえ完全に身につきさえすれば、人間としての「軌道」に乗ったと見なして差し支えなかろうと考えていて、これさえ完全にできれば、あとの「躾け」は順次に身につくのではなかろうかと思うのであります。ちなみにこの「躾け」の三か条については、この叢書の第一集『家庭教育二十一か条』（新装改訂版「家庭教育の心得21――母親のための人間学」致

知出版社刊）をゼヒお読みいただきたいのであります。いまここで簡単に申しますと、

第一、必ず朝のあいさつをする子にすること。

第二、親に呼ばれたら必ず「ハイ」とハッキリ返事のできる子にすること。

第三、ハキモノを脱いだら必ずそろえ、席を立ったら必ずイスを入れる子にすること。

以上が躾けの三か条でありまして、この三つの躾けが真に徹底すれば、もうそれだけで「人間」としての軌道に乗るわけですから、ちょっと考えたら不思議なくらいです。また第一のこの「あいさつ」と第二の「返事」だけで、子どもが親のいうことをよく聞く素直な子になるわけですし、また第三の「ハキモノ」は、人間にしまりをつける最重要な躾けでありまして、これはおカネのしまりにも通ずる躾けといえましょう。

ところで、この躾けのコツとか躾けの時期等については、これも先にご紹介

した『家庭教育二十一か条』に詳説してありますので、ここでは省略することにいたします。

父親の権威

では、ひるがえって父親の家庭における役割は果たして何でありましょうか。まず第一に、家族を養い育てる経済力の確保ということは、第一に動かせぬところでしょう。そしてこのためには何らかの職業に就き、その職務の遂行によって報酬を受け、生活の資を獲得しているわけでありまして、これが何といっても父親にとっては第一の本務と申せましょう。

ところでこのように、父親は一家を支えるよき稼《かせ》ぎ手であるとともに、何といっても一家の精神的支柱であるわけであります。したがって常に自らの信念・信仰に日々磨きをかけるとともに、日々の生き方を自らよく練り鍛えねばならぬ義務があるわけであります。それでなくては、単なる月給の運搬者と言われても致し方ないともいえましょう。

とりわけ子どもの人間教育は、家庭においてこそなされるべきものでありまして、両親の最大の義務としてその責任をまぬがれないわけであります。ですから会社の仕事がいかに多忙であり、そのため子どもに接する時間がいかに短くても、「子どもの教育は奥さん任せ」ということは、いまや許されない時代でありましょう。一家の大蔵大臣は奥さんに任せるとしても、一家の総理として、文部大臣の要職だけは夫が兼務すべきであると思われます。今日日本における「父親不在」の家庭教育に対し警鐘《けいしょう》を鳴らした書物として、ドイツ人の神父であり、卓れた教育者のグスタフ・フォスの『日本の父へ』（新潮社）という名著がありますので、ゼヒ一読をおすすめいたします。

と申しますのも、今日のように退廃と弛緩ムードの強い時世にあっては、父親は単に職業に真剣であるというだけでは、足りない時代になったと思われてなりません。すなわち父親たるものは家にあっても、自らを律しなければならぬ時代に突入したように思われます。

それゆえ申し難いことですが、一日の仕事を終え帰宅されて、茶の間でくつろがれる気持ちはよく分かりますが、しかし寝そべってテレビを観られることだけはゼッタイに慎しまれるようにと思うのです。つまりお子さん方の教育上、これだけはどうしても慎しまれることが望ましいと思うのです。それからついでにもう一つ申すとすれば、それはご自分のハキモノだけは常にキチンと揃《そろ》えて上がられるようにということです。父親がこれを守るようにしないと、奥さんがお子さんの教育上しめしがつきませんから。とにかく、今日のわが国は「教育の危機」であるという時代認識の上に立って、家庭教育の重要さに深くご注目がいただけたらと思うのです。

三畳の書斎

なお一つの提言ですが、許されるならば、三畳もしくは二畳でもよいから、ご自分の書斎を持たれるのが願わしいと思うのです。それというのも書斎というものは、読書によって心を磨くべき唯一の場だからです。それゆえこいねがわくは家長たる人が、日に一時間もしくは二時間書斎の机に向かい、坐を正して読書に打ち込まれるよう心掛けられることが望ましいわけです。第二に書斎というものは、申すまでもなく執筆の場でもあって、手紙なりハガキなりの書信の場でもありますので——。

多年わたくしは、すべからく「ハガキ活用の達人たるべし」と同志に呼び掛けて参りましたが、このハガキの活用こそ、人と人との絆《きずな》を大切にする最大の武器と申してよいと思われます。

わたくしたちの同志の間で「超凡破格の教育者」といわれたいまは亡き徳永康起《やすおき》君は、過去十三年間に、二万三千余通のハガキを早暁《そうぎょう》の仕事とし、そのすべてが複写として現在遺《のこ》されておりますが、この徳永康起君のごときは、まさにハガキ書きの達人であり、複写ハガキのボサツともいうべき人でした。二年前に惜しくも六十七歳をもって亡くなりましたが、つい先だって、『徳永康起遺文集』（全三巻）として刊行され、その内には厖大《ぼうだい》な書信の中から精選された二千五百通が掲載され、永遠に遺されることになりましたが、それはひとえに編集兼発行の責任者たる寺田一清氏の労によるものです。

話は脇道にそれましたが、読書の肝要とハガキ活用の重要さを思うにつけても、ゼヒ書斎の設置をおすすめいたします。ところで奥さんの場合は、特殊な方を除き、特別書斎を構えなくても、台所机を利用せられるか、または居間の一隅に机を置くのが賢明ではなかろうかと思われます。

12 娘・息子の結婚

娘の婚期

父親の娘に対する気持ちは、息子に対する場合と確かに違うようであります。娘は一般的には父親似が多く、したがって父親としても娘を手離したくないような気持ちになるもののようです。このようなアイマイな言い方をいたしますのも、わたくしは息子三人で娘を持っていないせいでしょうが、こうした父親の気持ちは十分察せられるのであります。といっても、いつまでも手元に置いて手離したくない反面、オールド・ミスにしてしまっては、という心配も父親としては持っているわけであります。

この頃の娘の中には、結婚適齢期を二十四、五歳だと、悠長《ゆうちょう》に構えているものもあるようですが、やはり二十二、三歳を目標にすべきでしょう。不思議なもので、数字の威力といいましょうか、二十三歳と二十四歳とは一つ違いでありながら、受ける印象がまったく違うわけで、二十三、四歳の娘を持たれる親ごさんの急なあせりの気持ちも分かるような気がいたします。

近頃では四年制の大学志望はピークを越えたかと思われますが、四年制と短大を比較すれば、それぞれに長・短がありましょうが、しかし婚期という面から申しますと短大卒のほうが婚期が長くてベターではないかと思われます。第一、短大出のほうが就職もしやすく、結婚準備期間の習い事もできやすいという長所もあるようです。ところが専門的な学問という面では、短大では修め切れないという短所があるわけですが、その補いは、卒業後十五年間読書を続けることによって補なうとしたら、ほぼ理想に近いとも申せましょう。

とにかく、娘は息子と違って、婚期を遅らせない配慮と努力の必要なことはいまさら申すまでもないことで、親としての重大な責務と申せましょう。それには、早い時期から写真（振袖姿とスナップ写真）をよく整えておき、釣書とともにいつでもお渡しできる準備が必要でしょう。適齢期の娘を持ちながら、最も好ましい写真一つ整えてないとはなんたることかと、時にはあきれる場合もあります。

血液型の相性

さて、娘の結婚の相手を決めるに際して、本人同士の学歴・体型・性格・趣味は申すに及ばず、両家の資産・職業・家族・兄弟・親戚等の諸条件のつりあいが何より問題とされるのは当然でありましょう。ところで結婚にあたって、両人の相性ということ等を非科学的として、むげに否定する人もありますが、わたくしはこの相性の持つ神秘について、必ずしも否定し難いと考えるものであり、それどころか相性の存在をある意味では肯《うけが》うほうだともいえましょう。それというのも、元来正しい占い判断というものは、天地陰陽の理《ことわり》に則《のっと》るものであって、四柱推命や九星術や占易術、それに西洋における占星術等も、ある種の天地陰陽の理に準拠するものともいえ、必ずしも迷信とのみはいいかねるようであります。

もちろんこれらについて、立ち入って説くことはわたくしなどには到底できませんが、しかし比較的平易で誰にも判断しやすいのは、血液型による相性判断でありましょう。それというのもこの血液型というものには、科学的根拠があるからでありましょう。そこで、しいて申しますとO型同士の組合せは、できれば避けたほうが賢明ではなかろうかと思います。と申しますのも、O型の性格は支配的ですから夫婦間の和合が、とかく至難な場合が少なくない上に、生れる子どもが皆O型となるからであります。これは男女関係だけでなく、同性同士が一つの仕事をする場合にでも、時によっては考えられているようであります。ですから人事問題の担当者は、こういう相性判断についてもあるいは考慮に入れてもと思う次第です。

息子の結婚

ところで娘の婚期に比較して、息子のほうはそれほど婚期について案ずる必要がないわけで、大して心配がないといえましょう。これに反して娘ばかりで養子を迎えねばならぬ実情の場合には、とりわけ親の配慮は大変なようであります。三人の娘を持っておれば、長女に婿養子をと考えるのがこれまでは一般の慣わしのようですが、わたくしはゼヒ長女にと——固定して考えないがよいと考えるものです。というのは、ぜひ長女に婿養子をと考えておりますと、そのために二女、三女の婚期も逸してしまうおそれがないとはいえません。それゆえ長女、二女と順に嫁に出したあげく、三女に婿養子を迎えても一向に差し支えないと思うのであります。否、現在のような時代になると、こうしたやり方のほうにむしろ賛成するわけであります。

ところで息子の結婚ですが、嫁選びについて考えたいことは、まず第一にその相手が経済観念が堅実であるかどうかということであります。何としても家計を司《つかさど》る責任者が放逸であれば、何より困るわけであります。ではこうした経済のシマリは、一体何によって判定できるかということですが、一つの目安としては、いつも申しますように、履物の脱ぎ方、揃え方、また席を立った時の椅子の処理、それから椅子に腰掛けた時の姿勢や座り方等によって、ある程度推定されるのではないかと思われます。

また男性を見る場合にも、これらのことは大事な条件の一つでありますが、男性を判定する条件の第一としては、やはり腰骨のシャンと立った人間であるかどうか見極める必要がありましょう。それというのも、男は何としても仕事第一で、やり掛けた仕事は必ずやり遂げる集中力と持続力を持ってもらわねば困るからです。

次に、若い女性に対して誰彼なしに気を引くことの上手な男は、一般に女性問題において信頼のおけない男と判断してまず間違いはあるまいと思われます。例えば若い男女がそれぞれ三人ずつ初めて出会ったような場合、そのうち最もよく三人の娘に対して言葉を掛け、女に気に入られるような立ち回りのうまい若者よりも、言葉少なく朴《ぼく》トツな男のほうがより信頼されるようなものであります。このように「女を見る眼」「男を見る眼」の参考条件を、それぞれ年頃の息子や娘にそれとなく日常会話のついでに種蒔きをしておくことも、大切なことではあるまいかと思うのであります。

別居か同居か

なお、跡取り息子の長男の嫁取りの場合に、この頃問題になるのは、別居か同居かということですが、原則としてわたくしは、両親との同居を条件として結婚すべきだと思います。それは居宅が手狭で、長男夫婦と同居できない状態や長男の勤め先の都合等でやむを得ない場合はいざ知らず、わたくしはできたら、結婚当初からの同居をおすすめしたく思います。というのは、近頃結婚当初の若い夫婦に気苦労をさせまいと、当分の間マンション住まいの別居生活をさせて、子どもでもできたら両親と同居させればよいという安易な考え方には、必ずしも賛同しかねるのであります。それはむしろ逆であって、結婚当初こそ両親夫婦のもとで、若嫁さんが言わず語らずのうちに、いろいろの薫陶《くんとう》を受けるわけで、礼儀作法はもとより、親戚付き合いや接待の仕方等、もろもろのことを教わるわけであります。しかるに将来本家を守る嫁としての基礎教育期間を別居させるということは、何としても惜しい限りと申さねばなりません。

なおついでに申しますと、同居の場合「離れ」や「二階」がありますと、若い夫婦はまず離れや二階に住まわせるのがよく、主客の転換はかなりの歳月を経てから――。ところでその時期がむつかしく、これについては経済の主責任が息子夫婦に加担された時といえましょう。ただし、親ごさんが公職を持っておられる時はこの限りでないといえましょう。

13 親の老後と自分の老後

老人福祉の問題

前章においては、娘・息子の結婚生活について、それへの配慮の一部をご参考までに述べた次第ですが、それと相前後して両親（祖父母）もいわゆる晩年期に入り、その扶養と見送りの問題が、大きくのし掛かってくるわけでありま す。とりわけ長男であり、奥さんがこれまた長女であった場合には、双方の両親四人の老後を見なくてはならない運命になるわけであります。

いま日本における家族構成の変化を振り返ってみますと、戦後急激に増えた人口も、住宅難や食糧難に伴ない、それと同時に産児制限説に刺激を受けて、急激な人口減をきたしつつある実情であります。ところが朝鮮戦争を契機として、産業の高度成長期に入り、山漁村から都会への人口の大移動が始まったのはご承知のとおりであります。その数、わずか十八年間に約三千万近い人口が都会へ流れ出たわけで、これに反して農家人口はわずか十二パーセントを割る有様になったのであります。これがいわゆる核家族への分裂とその誕生といわれるものであります。そしてこの原因は、都会への転出が大きな原因の一つではありますが、その裏には、親兄弟との同居を極端に嫌悪する風潮が世にはびこり出したのも重大な一因だと申せましょう。

その後、西欧の福祉国家の影響を受け、民主主義日本としてはこれに後れてならじとして、老人福祉問題が大きくクローズアップされ、かの地その福祉制度の遅れに追いついてきたわけであります。老人年金、老人無料治療――等々まことに結構な時代になったわけですが、他面、ややその行き過ぎの見直しが行われつつあるようであります。

というのも、日本のいまの現状から推定しますと、二十世紀が終了する以前に、日本は五人に一人が六十歳以上の老人大国となるそうであります。これは世界でも類を見ないほどで、もしこのまま現在の制度を推し進めると、日本は六十歳以上の老人を二人の若い人が支える国家になり、こうなっては、若い人から八十七パーセント税金を納めさせてもまだ足りないというほどで、何のための社会保障か分からないのであります。

扶養の義務と責任

こうした日本の将来を見通した上で、わたくしたちは、常に脚下の現実に対処しつつ生きていかねばならぬわけであります。それゆえ老人福祉の問題も、今後は、これまでやや甘すぎた面が是正されるのではないかと思われ、そういう将来の方向だけに、両親扶養の負担が次第に重くなるのを覚悟せねばならぬと思われます。

世の中を眺めますと、老後の片親を長男夫婦が引き取らず、二男夫婦もまたそれを回避し、ついに片親が老人ホームの世話になっている例が少なくないようであります。もっとも一概に責めるわけには参らぬ場合もありましょう。例えば、夫婦共稼ぎで親の面倒を見る時間がないとか、また家計が貧しいとか家が手狭で養うゆとりがないとか、いろいろの理由があるとは思われますが、ただ人間としての心情からしても、また東洋の伝統としてのタテの道徳観の上からも、親の老後の世話を十二分にしたいし、またすべきであるという心情だけは、何とかして失いたくないものであります。これが、わが日本民族の伝統として伝わる良風美俗の中でもその最たるものと思うのであります。

思えば、親とは無限の祖先系列の代表者であり、「血」の継承者であります。それゆえ、わが体内を駆け巡り、脈々と鼓動している血流の中に、先祖伝来の血が脈打っているわけであります。それゆえ親を軽視するものは、実は己自身をさげすむわけであり、おのが運命を呪うものともいえましょう。それゆえまた親を敬愛するものは、自分自身を敬愛することになり、自己の運命の繁栄律に繋がることを改めて知らねばならぬと思うのであります。

現代のように、物質第一主義で、すべて合理的ワリキリ主義の風潮の時世に、「孝」の哲理を説くことは甚《はなは》だむつかしいことですが、しかしこれはタテの道徳の根本として、人間の「生」の根本哲理と思うのであります。

敬愛心の種まき

さて、話は深遠な哲理の一端に触れましたが、現実の問題に戻して考えてみることにいたしましょう。人間は年がいくにつれて、バイタリティが衰え、ちょっとしたことにも疎外感や孤独感を持ちやすいものですから、深く老人の心理を洞察して、わが家の憲法の「祖父母を大切に――」という一か条をゼヒ掲げることを忘れてはならぬと思います。その条項の細目としては、

①祖父母へ朝晩のあいさつを

②テレビのチャンネルは祖父母の観ているものを

③珍らしいお菓子や食べ物はまず祖父母へ

④入浴の順序はまず祖父母から

という風に、子どもの躾けを日頃から怠りなきようにしなくてはならぬでしょう。いかに祖父母を大事にするかによって、その家庭の家風が大体うかがい知ることができるといえましょう。

それから、いまなお日本の良俗として、祖先崇拝の念が一般庶民のうちに根強く伝えられていることであります。盆・正月に故郷の墓参をかねて、帰郷する「民族の大移動」は、何よりもこれを物語っているといえましょう。この祖先崇拝と祖父母敬愛の念は、今後も日本的心情の底流として子どもたちに継承

されることが望ましいと思います。そのためには、何よりも親夫婦が自ら日常その範を示すとともに、ことあるごとにその種まき——例えば墓参や法事を通して——がなされることが望ましいと思われます。

なお老後の親と同居していない場合の月々の仕送りについてですが、家計の許す範囲内において、よく夫婦で相談の上、決定もしくは増額することが大事で、この場合、双方両親のあることを忘れないで、よく双方のバランスを考えて、妻の両親へは、毎月の仕送りの代りに盆・正月の贈り物のほかに小遣いを差し上げる等の配慮が必要かと思われます。なお人間は最後は近親者のお世話にならねばならぬわけです。つまり両親の最後の世話は、結局奥さんの負担になることですから、奥さんへのいたわりと配慮を忘れてはならぬと思われます。

自分の老後

さて人間は「生・老・病・死」という運命は、何人もまぬがれぬもの故、親の問題としておったことが、いつかは自分の問題となるわけであります。それゆえ「いや、わしは子どもの世話にはならぬ」というようなコトバは厳に慎しみたいものであります。

人間最後の「末六十日」は、どうしてもお世話になることを覚悟した上で、イザという時なるべく子どもや近親者に負担を掛けぬように、経済的にも平常から心掛けることが大切でしょう。そのためには、万一の準備としての別途積立も必要といえましょう。いずれにしても、人間最後の総決算はなかなか大変なゆえ、人間一生の宿命をしっかと見すえた上で、自己の生き方を日々に自問自答せねばならぬと思われます。

14 地位と名声

人間と欲望

さて前数章にわたって、家庭ならびに家族の問題についてのあらましを述べてきたわけですが、この辺で少しく方向を変えて、ひとりの人間としての生き方に焦点を絞ってみたいと思います。それには、それに先立って人間というものの実像を探ってみる必要があると思います。「人間は欲の塊《かたま》り」と俗にいわれているとおりに、お互い人間は、無量の欲求を持って生きているわけですが、これは自己保存や種族保存の本能に根差すもので、その意味からは人間社会も一種の生存競争の世界だともいえましょう。

いま仮に、それら無限の欲望の一端を列挙してみますと、食欲・性欲・睡眠欲等を基本として、さらに人並優れた衣・食・住を願い、また他面には名声欲・財産欲・知能欲・権力欲等を免れぬのが、お互い人間というものであります。そしてこれらの欲望の根底に、先にも申したように、自己保存の本能という根強い巨大な本能が横たわっているわけであります。性欲というものも、ある意味では神の仕掛けた一種のトリックともいえるわけで、マクロコスモスの立場からは種族保存の本能によるものといえましょう。

さて、この自己保存の本能からして、それは消極的には自己防衛本能となり、また積極的には、自己顕示欲ともなりますが、いずれにしてもその奥にある優勢勝他の本能の根深さは、計り知れないものがあります。仏教では、根元的煩悩として三毒、すなわちむさぼり（貪）・いかり（瞋）・おろかしさ（痴）を挙げておりますが、この根源は一に掛かってこの自己保存の本能から発する、自己防衛や優勢勝他の本能に発するといえましょう。

いま、われわれの煩悩の一つとしての嫉妬を例に取ってみましても、嫉妬とは、同業や同種の世界において自己の存立が脅かされる不安感から発するものであって、決して女性間のみに限ったことではないのであります。男性においては、女性間のように露骨ではないにしても、そうした立場に立たされた時、内心において嫉妬の情の動きの感じられない人は、ほとんど絶無と申してもよいかと思われます。

三種のタイプ

したがって、例えば同期に大学を出て、教職に就いた者の中で、誰が一番先に校長になるかということ等も、大変気になるわけで、こうした校長職への先陣争いに暗黙裡《り》の葛藤が繰り広げられていると見てもよいでしょう。その他いずれの職域におきましても、平社員より係長へ、係長から課長へ、課長から部長へと地位獲得の願いは、人間として一応ムリからぬ願いといえましょう。なおまたこれに拍車を掛けて、奥さん方のうちには主人の尻を叩くものもおり、妻の願望に応えて出世街道に意欲を燃やすというケースも間々あることでありましょう。

ともかくもサラリーマンにとっては地位の向上は、昇給にも繫《つな》がることであり、それに意欲的になるのも当然のことといえましょう。ところで地位の向上は、会社企業への貢献度によるか、そのまた期待度によるもので、その人の持てる実力は申すに及ばず、勤続年数や勤務状況その他の条件を加味して決定されるものと思われますが、サラリーマンの中にも大別して三種類あるといえましょう。すなわち、トップのエリートコースを行く人、平均的に上がってきた人、立ち遅れている人の三種類であります。

ところがこれも一種のマラソン競走で、トップクラスにおったものでも、脱落する人もあり、また途中から俄然ファイトを燃やして、トップクラスに躍り出るものもあることは周知のとおりでありましょう。それから見方を変えて、次のような三種の分け方も考えられましょう。

すなわち、当人の地位《ポスト》が実力を上回っている人、地位と実力が相応している人、地位が実力より下回る人、という三つの型があります。それぞれ自分がいかなる種類に属しているかを考えて、お互いにおごらず・くさらず・休むことなく歩みつづけるほかないわけです。なお人間には個性というかいろいろなタイプがあって、人心掌握型でいわばトップに適するタイプがあれば、技能発揮型といって、トップには向かないが、特技においては他の追随を許さぬ人もあり、また新規開拓型という勇ましい攻撃型のタイプもあるわけで、そこがなかなか面白いのであって、いずれにしてもそれぞれの天分の発揮に全力を傾注するほかなく、そこに人間としての真の生き方がありましょう。

ただ憐《あわれ》むべきは、不平不満のブツブツ組であって、仕事に特別の意欲も示さず、さりとてやめもせず、寄るとさわると上役への不平不満に明け暮れるタイプでありましょう。

人間の真価

ところで、振り返って、人間の真価というものは、地位や名声だけでは推し測れないものがあるわけです。何しろ世の中には満天の星座のごとく、リッパな人がたくさんいられるというのが、わたくしの最近のいつわらざる心境でありまして、まったく驚くほかない気がいたします。のみならず少くともある一点に関しては、何人もわたくしなどのはるかに及びがたいものを、人それぞれに持っておられるわけでありまして、そういう面から申しまして、人間の真価というものは、肩書などでは容易に推し測られるものではないという思いを、この年齢になってしみじみと痛感するのであります。それどころか、テレビや新聞などマスコミで有名になって、虚名を博することがいかにコワイことであるかを、これまたしみじみと思うのであります。

無機化学の世界的研究者であられた隠岐《おき》の永海《ながみ》佐一郎博士は、

人間の真価＝仕事への熱心度×心のキレイさ

という定式を打ち出されましたが、人間の真のネウチというものは、㈠その人がどれだけ自分の仕事に忠実であるかということと、もう一つは㈡心のキレイさにあると申されるのであります。したがって、こうした観点から申しますと、自分の職務に対して不十分な大臣より、職務に忠実な小学校の用務員さんのほうが、人間の真のネウチは上位にあるというお考えなのであります。ところが、わたくしなどにとって「心のキレイさ」ということは到底及びもつきませんので、せめて「心の温かさ」とでもしていただけたらと思うのであります。

と申しますのも「心のキレイさ」というのは、根本的には「無私」の人ということでしょう。そして「無私」とは、実際問題としては「報いを求めない心」であり、すなわち「無償の行」のできる人ということであります。ところがこれは、わたくしのような人間には、実に容易ならぬことでありますので、基準を一段か半段下げて「キレイな心」の代わりに「温かい心」ということにしていただけば、なんとかカツカツ合格線すれすれの線まで近づけようかと思うのであります。

天は至公至平

少し話が脇道にそれたキライがありますが、われわれ人間にとって「報いを求めぬ」という心や行いというものは、なかなかでき難いことであります。人間としては心のどこかに、「報いを求める」心が程度の差こそあれ兆《きざ》すものであります。これが人間の実相でありまして、これが不平・不満の種となり、はては世を嘆《たん》じ、天を呪うことさえあり得るのであります。ここに、原始仏教以来説かれた「因果応報」の天理が疑われ、はては完全に否定されがちになるのでありますが、わたくしの生涯をかえりみて痛感するのは、俗言ではありますが「天知る地知るわれ知る」ということでありまして、長い眼で見ますと、天は実に至公至平であり、長い眼で見ますと世の中というものは実に、正直そのものであると思わざるを得ないのであります。

ですから人は一時期下積みになっても、それは将来の土台づくりであり、一時の左遷や冷遇は、次の飛躍への準備期であり、忍耐力・持久力の涵養《かんよう》期として隠忍自重《いんにんじちょう》して、自らの与えられたポストにおいて、全力発揮を怠らなかったら、いつか必ずや日の目を仰ぐ日のあることを確信して疑わないのでありまして、これが八十有余年の生涯を通してのわたくしの確信して疑わないところであります。

15 趣味と教養

流水不争先

前章の「地位と名声」については、何だか曖昧ともいえるようなことを申したようですが、しかしわたくしとしては、㈠人間として名利《みょうり》を求めたがるのは、自己保存の本能として一面ムリからぬものがあるということ。次に㈡さりながら、人は他面名利の念を超えるところがなければ、天地・人生の真の味わいは分からないということを申したかったのであります。しかし㈢人間というものは名利の念を超えるということは真に容易なことではなく、お互いにこの肉体を持つ限り、名利の念の完全なる根切りはでき難いのではあるまいかとも思われるのであります。

わたくしのようなものでも時おり揮毫《きごう》を頼まれることがありますが、時によっては「流水不争先」というコトバを書くこともありますが、これは現世的な栄進の道を、アクセク生きてきた人が、あげくの果てついに開眼せられた一境地を申したものかと思われるのであります。いつも申すのですが、人間は自分の実力相応の地位より一段か一段半低いところに甘んじて、悠然《ゆうぜん》とゆとりを持って生きる生き方というのも、男の生き方として好ましいのではなかろうかと思うのです。

ところで本題の「趣味と教養」という問題ですが、人間は本業のほかに何か一つ趣味を持つべきだといわれますが、もっともなことであります。もっとも人々の中には本業の仕事そのものが楽しみで、ほかに趣味を求める気もなく、また時間的にもゆとりがないという人もいられるわけで、これもまたよかろうかとも思います。と申すのも、もともと人間にはそれぞれの生き方があるわけで、一概には申し難いわけですが、ただ定年退職後の生き方を考えた場合には、本業のほかに何か一つくらいの趣味はあったほうが、晩年の生活に一段と楽しみが加わるだけでなく、そこにはまた人間的な深みも感ぜられるのではないかと思います。

わたくしは、三十代のなかば過ぎより「石」の趣味を持ち出して、それが唯一の趣味だったわけですが、その後愛好家が増えて「石」ブームになったのでピタリとやめました。とにかくいまなお「石」をはじめとして、陶器や絵画は観るのが好きなほうであります。これも実父のほうからの血・の影響かと、この歳になって改めて思う次第であります。ところでついでに申しますが、わたくしは血液型はB型でありまして、どちらかといえば多角的関心のほうですが、いつも申すように、腰骨を立てることによって、かろうじて主体性が保てたかに思う次第です。それにつけても思うのは、十五歳の時、岡田虎二郎先生の偉容に接して、それ以来常に腰骨だけは立てつづけて今日に至った恩恵のありがたさを、痛感せずにはいられないのであります。このようにわたくしの根は多角的関心の強いほうですから、草木や野草にも多大の関心を寄せるのでありまして、それも野草の花をコップにさして娯《たの》しむというようなやり方であります。

趣味の条件

ですからわたくしの趣味と申しましても、時間も費用もほとんど掛からぬわけで、その時どきに廻《めぐ》り合ったものをできるだけ噛み締めて味わうという程度ですから、これが趣味といえるかどうかも甚だ疑問ですが、生涯素人《しろうと》の勝手な味わい方をしているわけであります。ところで「趣味」と一口に申しましてもスポーツ・音楽・書画・陶芸をはじめとして詩歌・園芸・囲碁・魚釣・その他まことに千差万別で、いちいち挙げればキリのないほどで、ここにもまた人間の持つ多様性の味わいの尽きせぬものを感ずる次第であります。

そこでわたくしの考え方としては、一般的には趣味はあまり時間と費用の掛からぬことが望ましく、かつできれば相手を必要とせぬもので、自分一人で楽しめるものがよいのではないかと思われます。こんなことを申しますと、必ず一笑に付せられましょうが、趣味の本旨からいえば、娯しみ味わうのが目的であって、技を競い合うのが目的ではないはずで、また本業以外にあまり時間と労力を費すようではならぬのではないでしょうか。その上に、家庭経済の上からも、趣味への出費はできるだけ抑えねばならぬはずであります。

ところが、人間の持つ本性として、なかなかそうはいかぬもので、詩歌を例に取ってみましても、結社に入りますと、出品作品で技を競う気持ちに自ずからなるわけであり、また会費その他の出費も重なるわけであります。ところがそのことによって、指導をいただける上に切磋琢磨の機会に恵まれ、作歌持続の機会に多く恵まれるという利点があるわけで、いずれにしても「両方よいことはない」わけで、一長一短と申しましょうか、いずれにしても最後は本人の決断次第ということになりそうかと思われます。

話は変わりますが、戦前わたくしは大阪の天王寺師範で長く教職を執っていた関係上、いまなお国民教育者と多くのご縁をいただいているわけですが、教育者に対してわたくしほど「定年退職後の生き方」について力説してきたものは少ないのではないかと思うほど、晩年の生き方を説いて参ったのであります。

そのうちの一つとして、若き日から晩年に備えて、ゼヒ趣味を持つようにとすすめてきたものです。趣味は若い時に入門の手ほどきを受けておりませんと、晩年になって始めたのでは、遅きに失するキライがありますゆえ、なるべく若い日から基本の習得を心掛けたいものであります。

人間のたしなみ

ところで趣味とならんでよくいわれるのは教養というコトバですが、これは人間の香りとでもいうべきもので、単なる博識だけでは決してないはずです。ですから教養とは、一部の切り売り的な知識の豊富さや、ましてその見せびらかしなどでは断じてなく、その人の持つ人間的なたしなみというものだと思います。

同時にこうした教養を身につけるには、これまた一朝一夕にできることではないわけで、それには一かどの書物に接し、一かどの人物に随《つ》き、できるだけ一流の物に触れるということが肝要かと思われます。しかしこれがまた実際にはなかなか容易でないわけですが、このうちでも良書に親しむということが、一番手っ取り早い近道かと思われます。そして次に大事なことは「師を求め、師に随く」ということは、その人の人生にとってまさに運命の岐路ともいえましょう。しかもこれは「求めよ、さらば開かれん」という『聖書』のコトバのとおり、自ら求道の志《こころざし》なくば、かなえられるものではないのであります。

歴史上皆さん方もご承知のように「松阪の一夜」における加茂真淵《かものまぶち》と本居宣《もとおりのり》長《なが》の「出会い」や、また中江藤樹《なかえとうじゅ》の門を三度叩いた熊沢蕃山《くまざわばんざん》といい、師弟邂逅《かいこう》の時節因縁《いんねん》の不可思議さを痛感せずにはいられません。こういう歴史的な事柄でなくとも、わたくしたちの生涯を決する出会いというものが、大小さまざまに生起しているわけでありまして、「時」や「人」そして「物」さえおろそかにしないところに、リッパな「出会い」に逢着《ほうちゃく》できるものでしょう。

ところで、教養すなわち「人間的たしなみ」ということですが、それの端的な表れは、言葉や態度に最もよく表れるゆえ、それらの慎《つつ》しみ深さということが、ある意味で教養のバロメーターといえようかとも思われます。とりわけ

「コトバの慎しみ」ということは、いかほど心得ましても、心得過ぎるということはないと思われるほどでありまして、このことは良寛禅師の「戒語《かいご》」を見ても分かるわけであります。

16 異性問題その他

コトバの慎しみ

かねてより「口は災のもと」といわれているように、一言の失言や暴言によって、永年の信頼関係もたちどころに崩壊の憂き目を見ることは、すでに皆さん方がご承知のとおりであります。とりわけアルコールが入り、酒席という気のユルミから「寸鉄人を刺す」ような言葉によって、上下関係や同僚関係にひずみを生じたり、さらにはそれが生涯の禍根となった例は、実際際限のないほどにありましょう。それゆえ後のちまでも尾を引いて悔《く》いを残さぬように、

「コトバの慎み」こそは「酒席の心得」の筆頭に掲げるべきものでしょう。「酔時ノ狂言、醒時悔ユ」（酔ツタ時ノアレコレノ失言ハ酔イガ醒《さ》メテノチ必ズ悔イル）と古来いわれているとおりであります。また「花ハ看イ二半開ニ一酒ハ飲ム二微酔ニ一」（花ハ半開ノトキコソ見ゴロデアリ、酒モ同ジクホロ酔イノ程度ガヨイ）と『菜根譚』にもあるとおりであります。

ついでながら「酒席の心得」の一つとして、会計支払の面ですが、これだけはくれぐれもルーズにならぬよう自己負担は申すに及ばず、ややそれを上回る程度を心掛けるべきで、万一ご負担いただいた場合は、必ずや何がしかの返礼を、時期を過《あやま》たずなすべきでありましょう。その他「酒席の心得」はいえばキリがなく、人間のたしなみの場であり、人間学勉強の道場であるとさえ申せましょう。ところが何と申しても「コトバの慎しみ」こそ、酒席においては人間として最初にして同時に最終の心得といえましょう。

慈雲尊者といえば徳川時代の中期の高僧ですが、この方には『十善法語』という古典的な名著があって、道元の『正法眼蔵』と比べても毫《ごう》も遜色のないものといえましょう。この十善とは、いわば人間としての基盤的な心得であって、㈠不殺生、㈡不偸盗《ちゅうとう》、㈢不邪婬、㈣不妄語、㈤不綺語《きご》、㈥不悪口、㈦不両舌《ふりょうぜつ》、㈧不貪欲、㈨不瞋恚《ふしんに》、㈩不邪見の十戒をいうわけですが、そのうち、コトバの戒めが四カ条を占めているわけで、これを見てもコトバに対する慎しみが古来いかに重んじられたかということが察せられるのであります。

異性関係

この「慎言戒語」についで、否、それ以上に人間として大事なことは、異性関係であります。妻子を持ちながら、人妻もしくは独身女性に、また遊興の巷《ちまた》の女性に心惹《ひ》かれて深い内縁関係となったり、またそれがもとで夫婦関係にヒビが入り、ついに家庭の崩壊に至った例は、それこそ日々の新聞記事や週刊誌のみではなさそうであります。しかも今日、一部のあやまった女性の解放論から、女性特有の慎しみにユルミが生じたことは、その大いなる原因をなすといえましょうが、今日離婚率の激増はまことに憂うべき現象であります。なおそのために、すでにアメリカでは母子家庭のみならず父子家庭が増え、それがために社会保障対策が考慮される段階にきているようであります。

古来「智者も学者も踏み迷う」といわれるように、ひとたび「性」の問題となりますと、相当な人でも過ちを犯しやすいものでありまして、そのためには真に最深の用心をしなくてはならぬわけであります。また「仏・魔の間《かん》、真にこれ紙一重なり」ともいわれるように、この男女間の問題となりますと身分や年齢を超えて、絶対的保証の期し難いのが「性」というものの根深さであり、またその恐ろしさといえましょう。それゆえ先ほど申した『十善法語』の中にも「不邪婬」の一章があり、この慎しみについて一大慈悲心をもって縷々《るる》説かれているのであります。

このようなわけで、人間のシマリも「性」に対しては最深のシマリと慎しみを要するといいえましょう。そしてこれはまた夫婦間においてもいえることでありまして、閨門《けいもん》を正し房事《ぼうじ》を慎しむということは、江戸時代の碩儒《せきじゅ》貝原益軒《えきけん》の高説にもあって、今日といえども、否、今日では当時以上に傾聴すべきものがあるかと思うのであります。

カネの問題

とにかく色欲は飲食の欲とともに、人間の「生」に根差す二大本能でありますゆえ、その制御の困難さを深く認識した上で、異性間にあっては、一定の距離を保つという智慧が何としても重大でありましょう。そして最後に「女をつくることはたやすいが、手を切ることはむつかしい」ということが、一般にいわれていることを付言しておきたいと思います。ところで慎しみの第三としては、やはりお金に関することでしょうが、人間失格のうちには必ず女性問題と金銭問題が絡んでいると申してもよいほどで、これも人間社会において深く心すべき事柄でありましょう。それだけにまた「女と金は魔もの」といわれるように、魅力的な対象でもあるわけであります。それゆえ古来金銭に関する人生訓は数多く、「入ルヲ計ツテ出ズルヲ制ス」という根本原則は、何といっても万古不変の真理と申せましょう。

今日長期のローン販売というものが普及して、これを利用する人も随分増えているようですが、住宅や家財というような絶対必需にして高額のものの場合はいざ知らず、衣服や装飾品、身の回りの品までも長期ローンを利用するのは甚《はなは》だ慎しむべきかと思われます。中には、海外の観光旅行までもローンを利用する人があるとは、まことにあきれ返ったことであります。今日不況のあふれを食って、販売合戦がいよいよ激甚《げきじん》の度を加え、アノ手コノ手の販売手段が取られていますが、その販売ペースにはなるべくはまり込まぬよう、各自がそれこそ自己防衛本能によって対応せねばならぬと思われます。この第一としては、ローンでものを買わぬという根本原則が大事であります。なおこれは改めて申すまでもないことながら、いわゆる「サラリーマン金融」と称せられるものには、それこそゼッタイに陥らぬように——ということです。スナックの支払いやギャンブルの遊興《ゆうきょう》費のために、家内に隠れてついサラ金に手を出すがごときことは、そのまま一身一家の破滅に繋がることでありまして、これだけは絶対厳重に慎しまねばならぬと思います。

　そのためには、まず第一に「ツケ」で飲んだり遊んだりしないことであり、すべて「賭けごと」には一切近づかないということであります。競輪・競馬は申すに及ばず、麻雀からゴルフに至るまでとかく賭けがつき、否、高校野球にまで賭けが見られるとは、まことに嘆かわしい限りであります。なおこれも申すまでもないことですが、公職にある人が特に注意すべきは、贈収賄の問題であって、あらゆる手段を使う業者の巧妙な手口に乗らぬよう、用心の上にも用心を重ねないと、悔いても及ばぬことになりましょう。そして、事実としてはまことにさ細なことでも、人の嫉視《しっし》を買うような地位にある人は、厳に慎しむことが肝要と思われます。何となれば、投書や中傷によっていったんことが公に取り上げられますと、額のいかんはほとんど問題でないからです。「この程度なら世間の常識だから――」と考えるところに他日の恐るべき陥穽《かんせい》があるといえましょう。

酒・タバコの慎しみ

さて最後に飲酒と喫煙ですが、近頃まことに遺憾千万《せんばん》なことには、若い女性間の喫煙者が激増しており、否、女性のアル中患者さえ増えつつあるようで、喫茶店がそのたまり場となっている現状は、実に深慮にたえないのであります。そもそも女性の飲酒・喫煙は、胎児への影響を考えて、これだけは厳に慎しんでもらいたいものです。ところで酒・タバコの常用者が、自動販売機の利用により低年層にも及んでいることは、これまた憂うべき現象で、現在焦眉《しょうび》の大きな社会問題の一つと申せましょう。また最近では、若い人たちは日本酒よりも「ウイスキー」の水割りやビールが好まれるようですが、これもまた時代反映の産物ともいえる西欧化の影響を思わざるを得ません。現在ではスナックで「水割り」を飲みつつ、カラオケで演歌を歌うということが、夜の遊びの一般男性図ともいえるようですが、日本人的甘さの象徴とさえ思われます。

以上、やや脇道にそれたかとも思いますが、健康管理の上からも節酒・節煙は申すまでもありませんが二日酔や頭痛にひかえて薬物の常用だけは厳に慎しむべきで、薬物の安易な常用によって、体内の自然治癒力の調節作用が、その為にいちじるしく妨げられる危険があるとのことであります。

17　日常生活の智慧と心得

生活規律

前章においては、人間としての心得のうち深く戒慎すべきをいろいろと取り上げてみたわけですが、しかし事新しいことは何一つないと申してもよく、それらのすべては皆さん方のすでにご承知のことばかりであります。ただこれを機会に、お互いにもう一度自らの日常を反省し、点検し直し、改めて自己の生活規律を立て直す資料にしていただければと思う次第であります。とかく人間というものは、お互いに心のユルミがちなものですから、生活規律によって自らを律するとともに、時どき点検して軌道の修正をする必要がたえずあるわけであります。人間も世帯を持ち、子の親という年代ともなれば、面と向かって忠言してくれる人がなくなるだけでなく、仮にそういう人があったとしても、なかなか素直には聞き入れ難いものであります。

ですから、日常の心得として自己の生活規律を確立して、これを厳守する以外に道はないともいえましょう。たとえば、ご参考までにわたくし自身のことで申しますと〝自分一人の場合はゼッタイに外食をしない〟ということなども、わたくしの生活規律の一つなのであります。ここ四・五年前までは、夜の帰りが国鉄立花駅で八時半を過ぎた場合は、何しろ独居自炊の身ですから駅前の中華料理店で、一番安い中華丼を食べることにしていましたが、いまではそれもやめて、何時になろうが家へ帰って食べることにしているわけであります。

それから独り暮しゆえ当然のことですが、「朝起きたらスグに布団をたたんで押入れにおさめる」ということです。起床後ただちにということがわたくしのキマリなのです。それから、いただいた封書は必ずハサミを使って丁寧に口を切って開封し、決して指で破って開けるということをしない。それからこれは、生活規律というよりむしろ日常の心構えという点で、一番心掛けておりますことは、すべてものごとを〝おっくうがらぬ〟ということであります。たとえていえば、書物や来信の実物をお眼にかけるためには、いちいち二階へ取りに行かねばなりませんが、それをおっくうがらずに、いくたびでも階段を上り下りしているわけで、それが、当年八十五歳を迎えるわたくしの心身の一つの鍛錬と考えているわけです。

こういうふうにわたくしは自分なりに、いろいろな生活規律を立てて、自己を引き締めているわけでありまして、以上はそれらのうちのホンの二・三をご参考までに申し上げたに過ぎません。

主体の確立

ところでいくたびも申しておりますように、わたくしの今日あるのは、まったく十五歳の時縁あって岡田虎二郎先生の偉容に接し、それ以来腰骨だけは終始立て続けてきたおかげでありまして、日にいくたびとなく、この「立腰」のおかげを痛感し、感謝しないではいられないのであります。ですからこの「立腰」すなわち「腰骨を立てる」ということは、わたくしにとってはいわゆる生活規律以上のものでありまして、人生の生き方を支える最基盤をなしているわけであります。ですから朝起きてから夜寝るまで、腰骨だけは終日立てつづけて今日に至っているわけで、ですから十五歳の時から数えますと、立腰まさに七十年に及んでいるのであります。

なおこの立腰につきましては、第三集の『立腰教育入門』をゼヒお読みいただきたいと思いますが、かいつまんで申しますと、人間の生き方とは、結局主体性に関わる問題で、主体性の確立こそ人間形成の最基盤であるということには、どなたもご異論がなかろうかと思います。では、その主体性の確立は一体どうして得られるか、その方法はといえばいろいろと諸説があろうと思いますが、わたくしは「主体性を確立するには腰骨を立てる以外に道はない」と信じ、かつ自ら実践し、自証体認して参ったのであります。主体性ということは、平たく申せば性根とか根性とかいわれるもので、性根づくりの秘訣はこの立腰のほかないと思うのでありまして、これは、東洋に伝わる修道の現代化とも申せましょう。

それにしても今日女が女らしくなくなったのは、実は男が男らしくないからであると一部にはいわれておりますが、男として、父親として、生き方の上に何か凛乎《りんこ》たるものが欠けてきていると申してもよいでしょうが、これは身心統一の問題であり、それは結局立腰のユルミが原因であると思うのであります。

何としても男は一点凝集の気迫と持続一貫の勁《つよ》さが、男の男たるゆえんであろうと思います。

なお「立腰」は、集中力と持続力養成の最根本対策であるのみならず、身心の平衡《へいこう》感覚を保持するのみならず、これを鋭敏ならしめるものでもあります。したがって、心身の健康の上からも最根本的な良法ともいえるのであります。と申しますのも、立腰という中心軸の確立によって、調和・平衡というバランス感覚が一段と磨かれるからであります。

雑務の処理

さてわれわれの日常生活というものは、ある意味ではいろいろな雑事・雑務の連続でありまして、これをいかに手際よくさばくかどうかということが、日常の智慧であり、手腕ともいえるのであります。例えば、わたくしの場合を例に取ってみましても、今朝はいつもより早く目覚めたのを幸いに、毎月発行の個人誌「実践人」の巻頭言を執筆中に、デンワがあって講演の依頼があり、それに引きつづいてかつての教え子の来訪があり、処女作の序文を頼まれる。そこへ毎日全国各地からの書信の到来、昼時を過ぎて教え子持参のおコワと草餅をともにいただきつつ出版の相談を受けているところへ、また新たな来訪客があるという次第で、これらはどれ一つとして軽々しく扱うことのできない事柄の連続なのであります。そしてわたくしは、来信のハガキや封書は心して拝読するだけでなく、送られてきたプリントや個人誌にも一応は目を通し、そのうち労作に対してはハガキを差し上げるよう努めている次第であります。このように、小事ならぬ雑務の連続の間隙《かんげき》を縫って、「続全集」の補訂をと心掛けている次第なのです。

ですから仕事の処理と申しますかそれらの大方は、いわば世俗的な事務ともいえましょうが、それだけにそのさばき方というものが、昨今のスピード時代にはいよいよ必要になって参るのであります。ではわれわれは、一体どうしてこのような世俗的な雑事の重圧を切り抜けられるか——ということが問題になるわけですが、しかしそれは原則的には実に簡単明瞭であります。それは「すぐにその場で片づける」ということであり、「即刻、その場で処理して溜めておかない」ということこそ最上の秘訣であって、おそらくこれ以外には、いかなるコツも秘訣もないといってよいでしょう。

この「即今着手」「迅速処理」の原則のほかに、期日の決まっている提出物の場合は、ゼッタイに期日を遅らせないことが大事です。そのためには、八〇点カツカツの程度でよいから、とにかく期日までには仕上げることが肝要で、「拙速《せっそく》第一」「期限厳守」をモットーとするのがよいように思われます。

とにかく、心に負債をつくらぬように「即今着手」「迅速処理」を心掛けているのでありまして、どうもこういう負債を一応済ませなければ、著述には取り掛かれないタチなのであります。

ハガキの活用

さて、このような雑務の処理につけましても、わたくしは大いにハガキの活用をおすすめしたく思います。それこそ現代のように目まぐるしく、スピードの速い時代には、どうしても電話の力を借りねばならぬ時もありますが、わたくしの方針としては、むしろ電話の利用を抑え、ハガキで用の足る場合はなるべくハガキを活用すべきであると思います。例えば人様から本や物など贈られた場合、大抵はハガキ一本で済ますことが多く、送られてきた個人誌や封書の返事も、なるべくハガキで一筆啓上を心掛けているのであります。

今日一般には、すべて電話でことを済ませる人がほとんどで、ハガキの利用は年頭の年賀状、暑中見舞と挨拶状のみという人もあるようですが、わたくしとしては、人間関係の繋がりを維持し、その輪を増進する上で、今日といえどもハガキの活用が、大変大事な武器と思われるのです。そして今日ハガキ一枚で人の心を慰め、励まし、いささかなりとも喜んでもらえるなら、これに過ぎるものはないとさえ思うのです。この頃、大学出の人でも文章力の低下が目立っているようですが、言語表現の力を養う上においても、日記とともに、このハガキ書きが重大な効果を発揮すると思われます。

なおすべてのことは「習うより慣れよ」といわれるように、一回でも多く書くことによって、それだけハガキ書きの要領が会得でき、楽しみさえ覚えるもので、文章表現の実力もつき、メキメキと腕を上げるものなのです。

ミニ・コンミューンづくり

わたくしの同志のうちにも、最初はまことにギコチなく思われましたが、この十年有余にしていまや複写ハガキの達人といわれるようになった同志がおります。文章力の練磨の上から大いに役立つという利点もありますが、何といっても最大の効用は、人と人との絆を大事にし、開かれたるミニ・コンミューンづくりに、大いにその効力を発揮すると思われるのです。このミニ・コンミューンとは、極めて小さな意識的共同体でありまして、平たく申せば小さな仲間づくりということであります。しかも開かれたるミニ・コンミューンは、会費いらず、したがって出・入自在の開放的な仲間という程度のものでありまして、これが今日、巨大な組織や通信網を擁するマス・コミに対して、わたくしどもの今後あるべきささやかな主体的な一種の抵抗姿勢であると同時に、真に心の通う仲間づくりなのであります。

これはまた、わたくしどもの真の生き甲斐感・充実感にも繋がるのでありまして、しかもその最大の武器として〝ハガキの活用〟をいうわけゆえ、ここに声を大にしておすすめし、その修練を願うわけであります。

18 逆境と天命

山また山

前章においてはハガキの活用によって、真に心の通う仲間づくりをおすすめいたしましたが、これも人生というものは、順風満帆の時ばかりではなくて、時には逆風にあおられ、否、時には逆巻《さかま》く怒濤《どとう》に見舞われることも大いにあり得るからであります。そういう苦難逆境に遭遇した時、真に心の通う恩師や道友というものが、いかにありがたいものであるかを、しみじみと痛感するのであります。

いかに多くの友だちに恵まれているものでも、そういう時、真に心の通う友というものは、二、三人数え上げられればよいほうでありまして、人間は苦境にあって真に分かってくれる二、三の心友があれば至幸至福というべきであります。

一口に逆境といってもいろいろありましょうが、大別して㈠家庭内のこと、㈡職場や仕事上のこと、及び㈢一身上のことといえるのではないかと思われます。深刻な家庭苦の一つとして、障害児を持ち、生涯の十字架を背負っておられる方もあれば、またいたいけない幼児を交通事故のため亡くされた痛苦を、一生忘れられぬ方もいられましょう。また倒産の憂き目にあい、失職浪々の身となられた方や、ある失脚によって左遷されて懊悩《おうのう》の日々を送っていられる方もおありでしょう。またこれからという働き盛りの時期に、長期にわたって病床に呻吟《しんぎん》しなければならぬような運命の方もいられましょう。それほど深刻でなくても、人は皆大小さまざまの辛酸《しんさん》苦労を背負って生きているものであります。ですから人間の一生というものは、一難去ってまた一難で、山また山の連続と申せましょう。

こういう覚悟の上に立ってわたくしたちは、生涯逆境に処する態度を学びつつ生きていきたいと思うわけであります。

肚をすえる

ところで、その「逆境に処する態度」ということですが、それより前に、ごく最近知り合った中途失明の一婦人のことを申しあげましょう。その人は大学卒業後貿易商社に勤められ、海外生活の経験もあって三か国語にも通じるほどの頭脳明晰にして美貌な方ですが、三十歳にして失明という過酷な運命に遭遇せられました。そしてその後結婚し、家庭婦人として日々を生き抜いておられますが、しかし今日に至るまでの苦難の道は、並大抵のことではなかったろうと思われるのであります。自殺未遂四回とのことですが、これだけでもいかに悪戦苦闘せられたか、察するに余りあるものがあります。

最初はどうして自分だけが、こういう過酷な運命を背負わねばならぬのか――とあがきもがかれたことでしょう。そうした疲労困憊《こんぱい》の果てに、「どうにもならぬことはどうにもならぬ」こととして、つまりマイナスはどこまでもマイナスとして、そこに肚をすえるよりほかないという全的肯定の境涯に達せられたようであります。これは、障害児を持つお母さんたちの心境ともまったく軌《き》を一《いつ》にするもので、与えられた運命を背負って立つ覚悟、すなわち根本の肚のすわりが、何としても一番の土台であります。

「肚をすえる」などと申しますと、まったく非合理的なコトバとして歯牙《しが》にもかけない人も中にはおありでしょうが、人間は観念では救われないもので、観念が肉体化せられなくては、運命超克の一路は開かれないのであります。

人間は観念では救われない

ついでながら「安心立命」とか「自己充足」とかという境涯の基盤をなすものは、結局は心の「肚をすえる」ということでしょう。肚とは、古来いわれるところの臍《せい》下《か》丹田《たんでん》ということであり、まして、この丹田の一点に力がこもることを丹田充実と申すのであります。これによって、観念が単なるキレイゴトに終始せず、初めて肉体化せられ、真に境涯の進境となるのであります。

　わたくしが常に申している「立腰」すなわち腰骨を立てるということも、「主体性の確立」という観念の肉体化なのであります。このように、観念だけでは人間は救われないのは、もともと人間は「身心相即的存在」だからであります。転変極まりない心が肉体に座を持たなくてはならぬ原因も、この人間の根本制約によるものなのです。

話はやや外れたようですが、本論の「逆境に処する態度」の第一として、自分に与えられたマイナス面を、絶対不可避な絶対必然として、ここに肚をすえるほかないということです。第二には、このマイナス面はマイナス面として踏まえながら、渾身《こんしん》の力を振り絞って、このマイナス面をプラスに逆転し反転して生きるということであります。これは裏返せば、そういう潜在的エネルギーが秘められていればこそ、神はこの人に逆境的試練を加えたもうたのだともいえましょう。

逆境は神の恩寵的試練

ですから、逆境はすべて神の恩寵《おんちょう》的試練であると申せましょう。ところがこれは最初からそうは思えないものでありまして、何年かたってみて、はじめて逆境の中に秘められていた神の恩寵に気づくというのが、われわれ凡人の道ゆきでありましょう。わたくし自身も八十五年の生涯をかえりみまして、まことに紆余曲折、蹉跎《さだ》たる人生でしたが、いま振り返ってみまして、その運命や逆境のひと節ひと節が、わたくしの人間形成にとって不可欠の絶対必然の道程として回想せられるのであります。しかも「極陰は陽に転ずる」と易に示されるように、逆境のどん底というものは、まず三か年ぐらいで、それを過ぎますと幽《かす》かな微光が射し初《そ》めるというのが、わたくしの経験上実感であります。

そしてその三か年のうちでも、真の極陰期は一年くらいともいえましょうか。この雌伏《しふく》期に泰然《たいぜん》として「肚をすえる」ことが、何よりも大事な心構えと態度ではなかろうかと思います。このように「肚をすえる」ことによって、そこから初めて絶対に通じる真の智慧の微光が射し初めてくるものであります。何となれば、「肚をすえる」とは「比較相対を超える」ということだからでありますす。

そしてこの「肚がすえる」と同時に、自分に課せられた神の恩寵的試練というものが仄《ほの》かに感得せられるのであります。

両方よいことはない

さて、こうした面から考えてみますと、逆境というマイナス面の裏には、「秘《ひ》匿《とく》の恩寵」ともいうべきプラス面が秘められているのであります。またその反対に、上昇気流に乗ったプラス面の展開期には、よほどの人でない限り、人間は必ずおごり、たかぶり、人の気持ちの察しがつかなくなり、これが人心離反の因となり、「蟻の一穴」ともいえる千載《せんざい》の悔いを残すことにもなりかねないのであります。このように、ものにはすべて表裏がありまして、「陰中陽あり、陽中陰あり」という一面をまぬがれぬのであります。これこそ、一般にいわれておりますところの、「ものごとに両方よいことはない」ということであり、これこそが不動の真理が平易な一言によって表明せられたものであります。これはまた言い換えますと「ものごとはすべて一長一短」というわけであります。

わたくしはこの頃よく相談を受けた時には「マア四分六で、わたしならこのほうを取りますナ」とお答えする場合が多いのです。つまりいずれか二者選一に迷うということは、いずれにも一長一短があるということでありまして、その場合の両者の利点を比べてみて四分と六分であれば、六分のほうを取るというのが私の方針であります。

このように申せば、まことに簡明にして平易な真理といえますが、これほど現実を透察した真理はないとも思えるのであります。わたくしは生涯哲学を学びつつ教育に携わってきたものですが、七十歳にして真理のこのような庶民的表現に心打たれてガク然としたものであります。まことにお恥ずかしい次第ですが、真理の開眼、透察というものは、まずはこのようなものではないでしょうか。

19 生死と心願

満天の星座

前章の終りの辺で申したように、わたくしは七十歳にして初めて「世の中には両方よいことはない」という真理が心からうなずけるようになり、この真理がいわば体で了解納得できるようになったわけでありますが、では次いで八十歳にして開眼したことは何かと申しますと、それは「この広い世の中にはいろいろと卓《すぐ》れた人が、まるで満天の星座のように無数にいられる」という無限の感慨であります。自分でいうのはなんですが、人様の長所利点を認めることにかけては、わたくしも人後に落ちないつもりであります。

と申しますのも、人間というものは、花やかな舞台の上で演じていますと、舞台上の人の様子は意外なほど見えないものですが、平土間に腰掛けていますと、観客の様子は実によく見えるものです。こうしてわたくしは一生をいわば平土間にいましたので、自分以外の人やものについては、花やかな舞台上の人よりは多少は承知していたつもりでしたが、それが八十歳という歳になってみますと、この広い世の中にはいかに卓れた人が多くいられるかという感慨がいよいよ深くなったわけであります。

わたくしの「全集」二十五巻が完成いたしました七十歳の時に、わたくしはその祝賀記念の催しを固辞して、その代わりに「契縁録」というものをお願いしたのでしたが、その「契縁録」と申すのは、これまでわたくしとご縁のあった方々に、その方々の「ミニ小伝」を集録していただいたものであります。ところが六〇〇人を超える方々の一人びとりについて読ましていただきましても、少なくともどこか一点は、わたくしの到底及びがたい長所美点を必ず持っていられますのに、ホトホト敬服せざるを得なかったわけであります。

このように、齢《よわい》八十歳に達してわたくしも多少は人様やものを観る眼が開けてきたということは、結局は棺桶が近づいてきたせいかもしれません。「認識」とか「洞察」というものは、何ごとによらず人生の根本と思われてなりません。これは人間認識や時代認識に限らず、自分の将来に対する見通し的な認識も、大変に大事な智慧の一つといえましょう。とりわけ人生最後の終着点（死）に対する見通しこそ、人生における最大最深の透察と申してよいのではないでしょうか。

認識の徹底

思えば「始めあれば終りあり」「生あれば必ず死あり」でありまして、このわたくしどもの人生には必ず末期（死）というものがつきものです。これこそ絶対不可避の現実でありまして、それこそ賢愚・貧富・美醜を問わず、いつの日か必ず最後に訪れる死の絶壁であり、永遠の深淵《しんえん》であります。ひとたびこの一瞬に至りますれば、いかなる人といえども、一言をも発せず、一語を書き記すこともできないわけであります。

思えば人間の最終点たる「死」こそは、万人共通の絶対的事実を申してよいのに、われわれ人間は、ともすればそれを忘れてついウカウカと日を過ごしているのが、われわれ人間の実相であります。

わたくしはいつも譬えをもって申すのですが、死の絶壁にボールを投げて、その跳ね返る弾力を根源的エネルギーとして、われわれは生き抜かねばならぬのであります。これを一語につづめて申しますと「念々死を覚悟してはじめて真の〝生〟となる」ということでありまして、これがわたくしの宗教観の根本信条なのであります。こんなことを申しますと、人様は奇異の感をもって受け取られるでしょうが、真の宗教的な世界も結局はこの根本信条より発する無碍《むげ》光《こう》に照らされた人生の如実実相と申してよいでしょう。そしてそれはまた換言すれば、わたくしどもに与えられたこの有限的生をいかに燃焼し尽くすか――これが人間のあるべき根本的態度と申せましょう。そしてこれこそが真の宗教信なのでありましょう。ですからこのような認識の徹底なくしては、真の宗教的な生き方はあり得ないわけであります。

言い換えますと、わたくしどもはある使命を帯びて神からこの世へ派遣せられたともいえましょう。神というコトバを使わぬとしたら、天といっても大宇宙からといってもよいでしょうが、とにかくわれわれは、この大宇宙の極微な被造物であり、したがってこの大宇宙生命からこの世に派遣せられたものとも申せましょう。もしそうだとしたら、いかなる使命が自分に課せられたかを、なるべく早く突き止めねばならぬわけであります。しかしそれがある程度分かり出すのは、どうもこの人生のほぼ二等分線を越える頃のようであります。すなわちそれは四十歳を中心とする小十年の間には、かなりハッキリとその見当をつけねばなるまいと思います。

宇宙根源生命

ところで先ほど神というコトバを使いかけて、途中で言い直しましたが、それは安易に軽々しく神というコトバを使いたくないからであります。また現代の若い人たちが、それを避ける気持ちも分からぬわけでもありません。では人あってもし「あなたはいったい神を信じておられますか」と問われれば、わたくしはハッキリと「神の存在を信じます」とお答えするでしょう。ただしわたくしの神とは、宇宙の根源生命とか、唯一生命の無限絶大な統一力とか申すものでありまして、かかる意味においてわたくしは厳然たる神の働きを信じるものであります。しかしこれは何もこうした表現に限ったことではなくて、大御親とか天帝とか天御中主神《あまのみなかぬしのかみ》とかいうように、人格神的ないろいろな表現があってしかるべきでありましょう。要はそれぞれの人が、その人の内的心情にぴったりするコトバをもって表現すればよいのではあるまいかと思います。

中には神についてそれぞれの見解を持つ必要はないのではないかと思われるでしょうが、人間はそれぞれその人の器《うつわ》に応じて、神の問題を明らかにすることが大切であり、否、その義務があると思うのであります。何となればこれを明らかにしない限り、われわれ人間は自己の人生を、真に徹して生きることは至難の事柄だからであります。すなわち神の問題は、自分の生き方と密着しているわけですから、わたくしは無神論を云々する人々にはどうしても与《くみ》し得ないのであります。すなわち自己を統一し、真剣に生きようとする以上、そこには必ずや神の問題が課題となるはずだからであります。ですからわたくしとしては、神の存在を安易に否定する人より、生涯賭けて神の有・無について探求し究明する人に対して、真の尊敬の念を抱くのであります。

そこでわたくしが一代賭けて究明しつづけてきた考えを申しますと、神とはこの大宇宙をあらしめ、かつこれを永遠無窮《むきゅう》に統一している絶大な力であるとともに、他面それは、このわたくし自身の全存在を支えている絶大な生命であり、いわば「生命の生命」ともいうべき絶大無限の「大生命」なのであります。このような言い方をしますと、なんらかの既成宗教を信じていられる人にとっては、おそらくはもの足りない感じがするだろうと思います。しかし、いずれの既成宗教でもその宗教特有の外皮を取って、虚心にその内面に湛《たた》えられている絶大ないのちに眼を向ければ納得いただけることと思います。

心願に生きる

ところでわれわれは、「絶対の生命」というか「大生命の光」を感得し、少しでもそれに触れることができた以上は、何らかの面で、世のため人のため、いささかなりともお役に立つことをしたいということを、心密かに願わずにはおられなくなるはずであります。これが真の意味における「心願」であります。申すまでもなく、この心願には祈りとともに「行」が伴うもので、持続的な行が伴わなくては真の心願とはいえないでしょう。しかしここに「行」とはいっても、既成宗教の枠にはまった行を意味するものでなく、それぞれの立場や力量に応じた一種の下坐行ともいうべきものであります。

たとえばわたくしの道友で、かつて担任した教え子にずっと毎月「ハガキ通信」を送りつづけている小学校の先生がいられますが、たとえ教え子からの返信がなくても、これを何年も持続しつづけている真情を察するに、胸の熱くなるのを覚えずにはいられないのであります。こういう人こそ真に心願に生きる人と申せましょう。

20 日本民族の運命と教育

島国日本

前章においては、いささか宗教的な問題の核心に触れるような話に深入りしたように思われますが、しかしこれもいわば自然の成り行きともいえそうで、わたくしのように一代賭けて自分の生き方の根源を求めて、哲学を学び宗教を求めてきたものにとっては、いずれかの章でこの問題に触れたいと思っていたからであります。そこで次には一つ観点を変えて、日本民族の運命について考えてみたいと思うのであります。さて、この日本という国を考える上で一番に見逃すことのできないのは、島国だということでありましょう。海を隔《へだ》ててアジア大陸に接近しつつ、四面海に囲まれた島国性を無視して日本の歴史も文化も論ずることはできないと思います。日本が島国なるがゆえに、他国の侵略を受けず何とかこれに抗し得て、徳川三百年の鎖国が保たれたといえますが、もしこれが陸続きであったら、たちまち他国の侵入を受けて、朝鮮民族の辿《たど》った運命とほぼ同種のものとなっていたでありましょう。

次に島国性の特徴として、皮膚感覚が敏感で、一たび外来文化に接触しますと、その吸収同化の力は抜群でありまして、儒教や仏教の外来文化は申すに及ばず、明治の開国後わずか百年にして、根本的に異質な西洋文化をこれほどまでに摂取し消化した民族は、われらの民族をおいてほかに見出し得ないといえましょう。

なお島国性の特徴として、そもそも島国というものは一種の変形的な円ともいえるわけでありまして、すなわち円の中心を求めるようで、日本民族の歴史を見ても、いわば円の中心として皇室の存在を見逃すことのできないのは、この求心性の特質によるものと申せましょう。思えば敗戦後三十数年を経た今日においても、皇室が安泰《あんたい》に存続し、しかも一般国民の敬愛を受けているのは、これは天皇のご人徳によることは申すまでもないことですが、島国性に由来する求心的民族なるがゆえと申せましょう。とにかく今日、政治の実中心ならぬ虚中心としての皇室の存続はわれわれにとって最深の幸せであり、これこそ日本民族にとって欠くことのできない中心敬崇の心情性の表れと申せましょう。

東西文化の融合

さて、日本民族の特質について忘れてはならぬことは、西洋の合理主義に対してその心情性にあると申せましょう。これは遠く西洋の遊牧民族であるのに反し、東洋が古来農耕民族であることに端を発するといえましょう。遊牧民族が流浪の旅をつづけて防禦《ぼうぎょ》・闘争を第一とするに反し、農耕民族は決まった土地に定住して、これを保持・存続することを第一とした関係上、もともと西洋民族に比べて和を重んずる民族であったといえましょう。

ところが今日、西洋の合理主義・論理主義の影響を受けて、もともと心情的な民族が論理一辺倒に傾くことのムリが反省されつつある現状であります。もともと人間の意識活動を三つに分けて知・情・意といわれていますが、知・情・意という三種の精神活動のうちでも、情がすべての精神活動の根元であります。それというのも知は情の体系化であり、意は情の持続力を意味するものでありまず。したがって情の稀薄化は精神活動の貧困と行き詰りを意味するともいえましょう。

話はやや脇道に外れましたが、とにかく東洋人種、とりわけ日本民族は、古来心情の豊かな民族なのであります。そしてこれは気候が比較的温順であって、しかも四季に分かれ、山川草木の自然に恵まれたその環境にもよるものかと思われます。ところで今日、「東西文化の融合」ということが叫ばれていますが、その掛け橋となり、そしてその融合の縮図を世界に提供し得る民族は、われわれ日本民族をほかにしては見られぬのではないでしょうか。これは文字一つを例に取ってみても、欧米人が東洋文化を摂取吸収しうる上には大きな困難が予想されるがゆえであります。とにかく日本民族は、一敗地にまみれたりとはいえ、そのいち速い復興ぶりに加えて、高度経済成長をなし遂げ、いまや先進国として世界の注目を浴びるに至ったことは、虚心にこれを見ましても、民族に秘められている驚くべき潜在的エネルギーに眼を見張らざるを得ないのであります。

しかしそれだけに、またあらゆる面においてそこには幾多のひずみを生じ、その一例として公害問題などを引き起こしたわけですが、これはひとり身体的欠陥を招来するのみならず、日本人特有の美質の上にも少なからぬ公害を与えたということは、多くの識者の指摘されるとおりであります。ここにも「物盛んなれば必ず衰《おとろ》う」という「易」の哲理は厳然たるもので、「宇宙の大法」の一顕現として必然的帰結と申せましょう。そしてその一端が、今日社会問題としても注目の校内暴力や家庭内暴力の頻発の一因をなすともいえましょう。それというのもこれらの事象は、何よりも心情性の貧困を物語るものであり、いまや〝日本人は変質した〟といわれてもいたし方ないのであります。

教育の原点

このように教育の荒廃を見るに至り、教育の再建が大いに叫ばれるようになったわけですが、しからばどこに教育の正常化の着手点を見出すかとなると、その方途《ほうと》を明示し得るものは意外に少ないのであります。現在のところ現状の分析・批判のみが多くて、教育学者と称せられる人々から、一つの対策的処方箋なりとも明示せられないのは、実に無責任極まると申すほかないでありましょう。

そこでわたくしは次の三つを提言したいのであります。

第一に、教育の基本として「躾け」の徹底を重視したいのであります。この躾けの問題の重要性については、これまでもあらゆる機会に述べてきましたが、とりわけ第一集『家庭教育二十一カ条』（新装改訂版「家庭教育の心得21――母親のための人間学」致知出版社刊）に詳説しておりますのでご一読いただくことにし、いまその概略を述べますと、

㈠朝のあいさつの必ずできる子にすること

㈡呼ばれたら必ず「ハイ」と言える子にすること

㈢ハキモノを脱いだら必ず揃え、立ったら必ず椅子を机に入れること

この三か条をもってわたくしは「躾けの三原則」と申しております。

この躾け教育によって、まず人間を軌道に乗せることが可能であり、これは家庭教育・学校教育のいかんを問わず、これが人間教育の最基盤と思うからで

あります。しかもわたくしは、この躾けは取り分け家庭において、少なくとも小学校入学以前に躾けますと案外に容易でありますが、しかしたとえその適期を過ぎた小・中学生ならびに高校・大学生においても、人間としてのこの三大基本は、何らかの方法で必ずや躾けねばならぬと思います。

しかしこのうちの「朝のあいさつ」一つを取ってみても、幼童期を過ぎたわが子に躾けることは実に容易でなく、それには親たり教師たるものが、まず呼び水をすることが何より大事ではなかろうかと思うのです。礼儀としては下級者から先に上級者にあいさつするのがタテマエでありますが、今日のように礼儀の乱れた時代においては、上下を問わず心ある人から先にあいさつすることが、より大切ではないかと思われます。勤務先においても、願わくば自ら進んで後輩社員や職員に、自分から先にあいさつをする心掛けこそ望ましいと思われます。

第二に心情性の醸成であります。これは一般には情操教育と称せられるのですが、これもまた実際には容易なことでなく、これは結局親たり教師たる人の魂の呼応と感化によるほかないのでありまして、親自身・教師自身が自ら人間的情操を養い、いかに心温き人間になるかどうか、そのいかんに由《よ》るといえましょう。

その一法として、接する子どもの長所や美点を発見することの名人になることが何よりで、叱ることよりホメることに重点をおき、九つホメて一つ叱るぐらいでもなおホメ方が足りないということを心に銘記すべきだと思います。

なお今日、心情性の面で特筆すべきは、先祖供養の念が、次第に日本民族に復活しつつあるのを見ても、日本民族の血流の中に、改めて心情性が目覚めつつあるのを痛感するのであります。こういう点からも、とにかく日本民族はバランス感覚の卓れた民族であり、復元力の卓れた民族といえると思います。

立腰教育の提唱

第三に申したいことは、かねてからわたくしの提唱する「立腰《りつよう》教育」でありま す。この立腰教育とは、腰骨を立てさすことによって、人間の主体を立てさせる教育法でありまして、性根のある人間にする方法としては、これよりほかないと思うからであります。

やがて世界が二十一世紀を迎えるに当たり、一つの大きなテーマは、「世界の平和」と「東西文化の交流と融合」であると思われますが、その上で大きな役割を果す責務を、われわれ日本民族は背負っていると思われてなりません。そういう意味で、今後ますます世界の注目を浴びることは必然と思われますが、しかもわれわれ日本民族が果してそれに値し、かつその地位を保ち得るでありましょうか。

それに対処する対策としては、わたくしとしては結局、常時腰骨を立て、生命の動的統一を図るとともに、いかなる環境の変化にも対応できるような、行動的叡智を身につけた人間をつくることが必要だと思うのであります。一言で申せば、人間的主体の確立こそ、いまや最緊要事であって、これこそが近く二十一世紀を迎えんとするわれわれ日本人にとって、最も望ましい人間像ではあるまいかと考えるわけです。そしてそれには何よりもまず「立腰教育」を根本とするほかないと信ずるのであります。

21 二十一世紀への日本的家族主義

期待される人間像

さて、教育の現状にかんがみて、日本民族の将来が深憂にたえず、よって前章においてはわたくしなりに教育再建の方途について、その骨子を述べてみた次第であります（詳しくはそれぞれについて詳説してある『生を教育に求めて』ならびに『家庭教育二十一カ条』（新装改訂版「家庭教育の心得21――母親のための人間学」致知出版社刊）『立腰教育入門』などをお読みいただきたいと思います）。

ところで「ではわたくしの期待する男性的人間像とはどういうものか」と問われるならわたくしは、

第一　自己の本分を忠実に果し、義務と責任を重んずる人
第二　行動的叡智をもって主体的に仕事に取り組む人
第三　人間的情味が厚く、至純にして清朗な人

とでも申せましょうか。これらのことは、これまで述べてきた中に自から表明せられているわけで、いまさら申すまでもないことでしょうが、しかしこれらの条件は、人間の内面的立場から申したことで、いま視点を変えて外側の立場から申してみると、

第一　自分一人で判断のできる人間に
第二　人々と協調のできる人間に
第三　真摯《しんし》にして実践的な人間に
第四　常に国家社会と民族の運命について考える人間に

第五　さらに世界人類の将来についても思念する人間にとでも申せようかと思います。とにかく日々脚下の現実に対してそれぞれの立場から真摯に対処しつつ、遠く民族の将来にも念《おも》いを馳せるというのが、今後の期待される人間像であらねばならぬと思うのであります。いつも申すのですが、われわれはミクロ（微視）とマクロ（巨大）ともいうべき二つの対極的な視点を、常に切り結ばせつつ生きねばならぬのであります。それというのもわたくしたちは、今日では実に複雑多岐な社会組織のさ中に生き、しかも激動激変の中に生きているわけですが、それだけにまた多と一、動と静という両極を見失うことなく生きねばならぬと思います。これがわたくしのいう「対極的思考法」と称するものであります。

対極を切り結ばせる

この対極的思考法とは、常に異質的な両極を切り結ばせる方法で、これこそ激動してやまない現実把握の方法論であり、これこそ真の「生」の論理ではないかと思うのであります。世界における日本の立場という面から考えてみても、今後の日本民族のあり方は、この一語に象徴されているかと思われます。すなわち東西陣営の二大勢力の中に立ちつつ、他面には南北問題をはらむ発展途上国との間にあって、日本の今後のあり方は、実に微妙にしてかつ慎重であらねばならぬがゆえであります。

卑近な一例を挙げれば、子どもの小遣い一つを決める場合にも、われわれはこの対極的思考法を適用しているともいえましょう。すなわち智と情の両面から、その他いろいろと勘案した上で額と時期との決定をするといってよいでしょうが、そこにはこの対極的思考法が、実に微妙に働いているともいえましょう。

このように、一見相反する両極の切り結び、嚙みあった点が、現実的解決のあるべき一点となるといえましょう。しかも現実は決して固定したものではなくて常に流動的である以上、そうした切り結ぶ一点は、時々刻々に動きつつあるわけであります。

このことは、道徳面からも申せることであって、戦後はタテの道徳はすべて封建制の遺物として、一切否定された感がして、民主主義という名のもとにヨコの道徳のみが強調された感がいたしますが、さすがに三十余年にわたる民族の経験により、今日何時までもそれではいかぬという兆候が一般にも認識されてきたのではないでしょうか。これをもってただちに封建制の復活などというのは、観念的論理によるものであります。

もともと東洋に伝わるタテの道徳、すなわち「孝」を中心とした徳目は、あらゆる徳目の中でも最根本的な宇宙的真理の一面だからでありましょう。それゆえ、この真理を無視した単に形式的な民主主義一辺倒では、いのちの現実を把握し得られないからであります。

孝の哲理

古来東洋に伝わる「孝」の哲理については、いずれ講を改めて詳説したいと思いますが、いまその概略を申しますと、結局先ほども申したように、「孝」の徳目は、ひとりもろもろの徳目中の一つではなくて、あらゆる徳目を支える最基本的な徳目なのであります。すなわち最根本的には、いのちの開眼に繋がる宇宙的真理ともいえるからであります。このことに関しては、わが師西晋一《しんいち》郎《ろう》先生を通して、徳川中期に現れた中江藤樹先生の思想・学問に学ぶところであります。すなわち、日本における陽明学の祖といわれる中江藤樹先生の学問・思想の根幹をなすものは、実にこの「孝」の哲理にほかならないのであります。

思えば「孝」とは、おのがいのちの根源を思う人間としての至情であります。

われわれには、生のスタートにおいて見逃すことのできない絶対的事実があるわけで、それは「われわれ人間は、自分の意志と力によって、この地上に生まれてきたものは一人もいない」という絶対的な事実なのであります。したがってこの絶対的事実の認識こそ最重大であり、これこそわれわれ人間の認識の中で、おそらくは最高最深の認識といってよかろうと思うのであります。

同時にもっと卒直な言い方をいたしますと「われわれ人間は自ら親を選んでこの世に生まれ出たものは一人もない」ということであります。このように申しますと、「そんなことは分かり切ったことではないか」と一笑に付する人もあろうかと思いますが、実はこれは大変大事なことでありまして、「孝の哲理」における最根本的な認識なのであります。これは己れの生のみならず、親自身の生もまた、祖父母の血を受けてこの世に出現せしめられたのでありまして、こうして遡《さかのぼ》って参りますと実に無量多の血を受けて、現在のこのわたくしの「生」があるというわけであります。かつてわたくしの詠みました歌に、

たらちねの親のみいのちわが内に生きますと思ふ畏《かしこ》きろかも

という一首がありますが、つまり親とは無量の祖先の代表者であり、祖先からの血の継承の最先端の一点なわけであります。ですから親を軽視することは、無量多の祖先を軽んずることであり、否、端的には自己そのもののいのちを軽視することでありまして、いのちの根本法則に反するわけであります。それゆえ親に対する敬愛の情は、おのが生の尊厳にも繋がることを、わたくしどもはいま一度かえりみるべきであろうと思われます。

もっともこうは申しても、これは戦前の孝道そのままの復活というよりも、むしろわれわれ日本民族の持つ伝統的美徳への反省であります。すなわちこの孝徳こそは、われわれ日本人の持つ美徳の最端的な源泉であることへの再認識が、いまこそ必要ではなかろうかと思うのであります。

新日本家族主義

かえりみまして、東洋の一隅に位するわれわれ日本民族が、敗戦という一大痛打を受けながらも、三十余年後の現在、いまや経済大国として世界にその名を列するに至り得たその秘密は一体奈辺《なへん》にあるかと、欧米各国の識者たちが検討を開始したところ、その根本要因となるものは、企業における一大家族主義にあるという結論に達したようであります。しかるにわれわれの一部の風潮といたしまして、形式的な民主主義や個人主義の影響を受けて、親との同居を忌《き》避《ひ》する傾向が見られるのは、真に遺憾にたえない憂うべき現象と思います。

また子どもの一人一部屋という傾向にはどうも賛同しかねるのであります。もともと欧米の個人主義は、厳しい義務と責任という自律心によって裏づけられたものであって、勝手気儘《きまま》な放縦《ほうじゅう》とはおおよそ縁遠いものなのです。これは欧米における家庭の躾けが予想以上に厳しいことを、長期滞在者は誰しも痛感し報告しているところであります。それは個人の尊厳と自立を重んずる原理に基づき、自立即自律のルールを守らせることに厳格なのでありましょう。

ところで家族主義の原則は、何としても和と秩序を重んずる精神に則《のっと》ったものであって、心情的な絆を大切にする運命共同体的な考えに基づくものといえますが、この東洋的心情は、先にも申したように、その根源は農耕民族に由来するものと思われてなりません。ただ家族主義の欠陥として、一部の心ある人々が指摘しているように、家族主義に見られる甘えの体質と構造でありまして、ここに西欧の真の個人主義における自立即自律に学ぶべき点が大いに考えられるわけであります。

とは申しても、日本古来の良風たる家族主義を一挙に葬り去ることには到底賛しないことは申すまでもないことです。ここにわたくしが「新日本家族主義」を提唱するゆえんのものがあるわけです。すなわち、欧米の個人主義と日本古来の家族主義の折衷《せっちゅう》が、今後のあるべき日本の新家族主義ではあるまいかと思われます。

折衷という言葉がもし適当でないならば家族主義の地盤にあって、おのおのの自立を尊重するあり方が望ましいわけであります。具体的には、家屋の事情が許されるならば祖父母との同居が望ましいわけで、かえってこのほうが子どもの教育上、マイナス面よりプラス面のほうが多いのではなかろうかと思うのです。それというのも祖父母の存在が、家庭教育に果す役割りの意外に大きいことを、今日改めて注目する必要があると思います。とりわけ思慮深い祖父母が一家のうちにおられるということが、どれほど子どもの教育に得難いものであるか、また祖父母に対する日常生活における両親の敬愛の態度が、いかに心情の啓発に自然に感化をもたらすかを、いまこそ改めて再認識したいものであります。

こうした家族主義の良風を温存しつつ、同一屋敷内に母屋と離れて、一家を構え得たらそれこそ理想的でしょうが、そういかない場合には、階上と階下に別居するのが望ましいと思うのであります。これも諸般の事情があって許されぬ場合もありましょうが、根本的なあるべき基本的態度だけは、しっかりと確立したいものであります。

あるべき父親像

いよいよ最後のコトバを述べる段階に入りましたが、総まとめの意味であるべき父親像について述べてみたいと思います。これは最近送ってこられた誌友の村田克章氏の個人誌「あすなろ」に大いに触発されたもので、多少修正をほどこして、ここに引用させていただいてこの講話の結びとしたいと思います。

一、父親自身が確固たる人生観を持ち、柔軟にして強じんな信念の持ち主でなければならぬ。

人生の先達とし一家の大黒柱として、常に叡智と識見を磨くことを怠らないよう。

一、父親はまず一事を通してわが子に忍耐力を育てる躾けをすべきである。これは日常の起居動作をはじめ共同作業やスポーツや学習等のいかんを問わない。

一、父親は、平生は泰然として、あまり叱言をいうべきでない。古来卓れた父親は、わが子を一生に三度だけ叱るというが、これくらいの構えが必要。

一、父親は、イザという時、凛乎《りんこ》たる決断と俊敏な行動を示すものでなければならぬ。

一、父親自身が自らの「生活規律」を持ち、これを厳守するものでなければなるまい。

——以上

あとがき

先般刊行の『家庭教育二十一カ条』（新装改訂版「家庭教育の心得21——母親のための人間学」致知出版社刊）と『立腰教育入門』に引きつづき、このたび『父親人間学入門』を、ここに編輯《へんしゅう》刊行できましたが、まことにおこがましい限りで忸怩《じくじ》たるものを覚える次第であります。

すでにご承知のとおり、このたびの書は、森信三先生講述の『親子教育叢書』の第二集にあたるものでありまして、もちろん多年にわたる森信三先生のご高説に基づくものであります。ところで超人的に八面六臂《はちめんろっぴ》のご活動の森先生が、去る五月末、図らずも脳血栓のため病床に臥《ふ》せられご入院の身となられました。一時は再起不能かとさえ危ぶまれましたが、神天のご加護により、ご高齢にもかかわらず実にお見事な恢《かい》復ぶりで、門下一同ホッと安堵《あんど》いたしました次第であります。

しかもこうした大病の難関を克服せられた上で、去る九月二十三日（昭和五十六年）をもって満八十五歳のご誕生日を恙《つつが》なく迎えられたことは、感慨ひとしお深く、まことにご同慶の至りに存じます。ご退院後は、もっぱら「続全集」の補訂に没頭せられるご決意で、先生にはこのたびの病患をもって、まったく「天意」の導きとしてその深旨《しんし》を改めてお受け取りになられたとのことであります。

こうして現在ご退院なされた直後でまだなかば病床の御身にもかかわらず、この書の刊行にことのほかご配慮をたまわり、すでに入院中にもこの草稿に隈《くま》なく眼を通していただき、補筆修正の筆を加えていただいたのであります。まったく千万無量の恐縮と感謝でいうべきコトバを知らぬほどであります。

まずもってこうした事情の一端をここに誌《しる》しますのも、この書の刊行にたまわりました特別の恩寵を末長く忘れぬよう銘記したいためであります。

ところで最近とみに「父親不在」の家庭教育ということが、多くの識者によって憂慮せられる昨今におきまして、茲《ここ》に父親として、人間として歩むべき根本大道を、森信三先生のご教説を通してともに学びかつ習得したいと思い、この一書に凝集いたしました次第であります。

大慈父とも仰ぐ森信三先生の思想・学問は、「全一学」とも称せられるとおり、学問と実践が、はたまた宗教と道徳とが渾然《こんぜん》として一体に融け合ったものでありまして、まったく深遠な哲理に基づきつつ、教えは至極平易な日常の茶《さ》飯事《はんじ》に及んでいるのであります。今日青年層の多くは、せっかく道を求めようとの志を持ちながら、その多くが不完全燃焼に終っている現状でありまして、これらの方々に対して一宗一派に偏しないで「人間の大道」を示す教説が体系的かつ全一的に答えられていないことは、まことに遺憾の限りであります。ところでそうした真摯な人々のためにも、この書が幾分なりともお役に立ち得ますれば、無上の幸慶《こうけい》であります。もちろんこの書の主題は、「家庭教育における父親のあり方」ではありますが、しかし「父親人間学」と題する趣旨には、不十分ながらも一応はお答えしたつもりゆえ、その点についてもご明察がいただけましたら幸せと存じます。

なおこの書によって、日本における「全一的人間学」のご提唱者森信三先生のご教示を、読者諸兄とともに改めて承受するとともに、今後わたくし自身のためにに何よりの自戒自警の書としたいと思う次第であります。なお願わくば、一人でも多くの心ある方々にご披読《ひどく》をたまわりますよう、弘布《こうふ》についてもご支援のほどを希《ねが》ってやまない次第であります。

寺田一清

現代に生きる森信三先生の教え

本年新版発行の『家庭教育の心得21――母親のための人間学』にひきつづき、このたび『父親のための人間学』について矢つぎ早に発行いただきましたことは、限りなきご配慮として、その意味するところの絶大なるを痛感いたしております。

と申しますのは「父親なくして母親なく」「母親なくして父親なし」というのが、当然の理でありまして、この二冊そのものが、相互補助の一対をなすものであります。

思えばいまを去る三十年前の昭和五十六年出版の『父親人間学入門』の書が、このたび新版発行されましたことは、何よりの慶《よろこ》びであります。これはひとえに、致知出版社の藤尾秀昭社長様の慧眼《けいがん》と明察なくしては考えられないことでありまして、まずもって、最初に御礼を申し上げたく思います。

こうして地下茎として埋もれたまま生命果つべきものが再び掘り起こされて、生命復活の光を与えていただいたことは、奇蹟的幸慶《こうけい》というほかございません。

そこで改めて考察いたしますと、先師森信三先生のお教えの数々には、時代を超えて永遠の真理ともいうべき貴種が宿されていると思われてなりません。

まずもって、第一に挙げるべきは㈠「人生二度なし」の絶対不可避なる真理で、死生即賜生の自覚と覚醒をうながすものがあります。

次に㈡身心相即の理にもとづき「立腰」の徹底と修得であり、この書の随所に力説せられる通りです。

㈢として、おのおの「生活規律」を守り貫くべしの教えであります。かつて先生より「レールは二本、鉄則二か条」とお聴きしたことがあります。世界の注目をあびる新幹線もレールは二本です。私どもおのおの生活規律の鉄則二か条を打ち建て、自らを律すべしとの教えです。

次に㈣「着眼大局・着手小局」といわれるごとく「人生の見通しと脚下の実践」において、ゆめゆめ手ぬかりなきようにとの教えです。

㈤「胸中深く心願を抱くべし」。一家一族の保全に尽力するとともに、いささか世のため人のために貢献する「真志正望」を抱くべしとの教えであります。

以上、思い起こすままに五か条ほど列挙いたしましたが、いま一つ加えるとなれば、夫婦和合の心構えでありまして、本書を通して、熟読玩味せられんことを希《ねが》うばかりです。

二〇一〇年四月

寺田一清

著者略歴

森信三

明治29年9月23日、愛知県知多郡武豊町に端山家の三男として生誕。両親不縁にして、3歳の時、半田市岩滑町の森家に養子として入籍。半田小学校高等科を経て名古屋第一師範に入学。その後、小学校教師を経て、広島高等師範に入学。在学中、生涯の師・西晋一郎氏に出会う。後に京都大学哲学科に進学し、西田幾多郎先生の教えに学ぶ。大学院を経て、天王寺師範の専任教諭になり、師範本科生の修身科を担当。後に旧満州の建国大学教授に赴任。50歳で敗戦。九死に一生を得て翌年帰国。幾多の辛酸を経て、58歳で神戸大学教育学部教授に就任し、65歳まで務めた。70歳にしてかねて念願の『全集』25巻の出版刊行に着手。同時に神戸海星女子学院大学教授に迎えられる。77歳長男の急逝を機に、独居自炊の生活に入る。80歳にして『全一学』五部作の執筆に没頭。86歳の時脳血栓のため入院し、以後療養を続ける。89歳にして『続全集』8巻の完結。平成4年11月21日、97歳で逝去。

編者略歴

寺田一清（てらだ・いっせい）

昭和２年大阪府生まれ。旧制岸和田中学を卒業し、東亜外事専門学校に進むも病気のため中退。以後、家業の呉服商に従事。40年以来、森信三師に師事、著作の編集発行を担当する。社団法人「実践人の家」元常務理事。令和３年逝去。編著書に『二宮尊徳一日一言』『森信三一日一語』『女性のための「修身教授録」』『家庭教育の心得21――母親のための人間学』（いずれも致知出版社）など多数。

父親のための人間学

平成二十二年四月三十日第一刷発行
令和五年七月十日第六刷発行

著者　森　信三
編者　寺田　一清
発行者　藤尾　秀昭
発行所　致知出版社
〒150-0001東京都渋谷区神宮前四の二十四の九
TEL（〇三）三七九六―二一一一
印刷・製本　中央精版印刷

ISBN978-4-88474-883-8 C0037

ホームページ　https://www.chichi.co.jp
Ｅメール　books@chichi.co.jp